술술 읽고 척척 쓰는
초등 마법의 한자책

| 김태완 선생님이 알려 주는 **문해력 기초 한자 300자** |

술술 읽고 척척 쓰는
초등 마법의 한자 책

김태완 지음 ● **권달** 그림

청어람미디어

한자 공부,
문해력을 키우는 최고의 방법!

최근 어느 작가의 팬 사인회를 앞두고 예약을 받는 과정에서 문제가 있었나 봅니다. 그래서 주최 측에서 '예약 과정에서 불편을 끼쳐 드린 점, 심심한 사과를 드린다.'라고 공지를 했습니다. 그랬더니 예약을 신청했던 사람의 일부가 '나는 안 심심하다…….', '심심해서 사과한다는 말이냐?'라고 반응했다고 합니다.
여기서 '심심하다'라는 말은 '할 일이 없어 지루하고 따분하다'라는 뜻이 아니라는 사실 정도는 여러분도 알고 있겠지요?
이처럼 맥락을 잘 따라가지 못하거나 자기가 알고 있는 단어의 뜻에만 사로잡혀 내용을 미루어 짐작하지 못하고 엉뚱하게 받아들이는 예가 흔해졌습니다. SNS가 발달하면서 아주 짤막한 글자, 이모티콘 같은 기호로 빠르게 실시간 의사소통을 하다 보니 조금이라도 복잡한 내용의 말을 듣거나 긴 글을 읽으면 이해하기 어려워합니다. 이렇게 문해력과 관련한 문제를 해결하는 데 한자 공부가 많은 도움을 줄 수 있습니다.

우리에게 한자란 어떤 글자일까요? 한자는 중국어를 표기하는 문자일 뿐만 아니라 마치 유럽 여러 나라가 라틴 문자를 썼듯이 고대 동아시아 여러 나라에서 사용하던 국제 문자였습니다. 우리도 한글을 만들기 전에는 한자를 빌려 썼습니다. 그런 점에서 한자는 중국 글자이기는 하지만 우리 고전을 기록한 문자이기도 합니다.

한자는 우리의 역사, 문화 등에 큰 영향을 미쳤는데, 특히 언어생활에 미친 영향이 큽니다. 그래서 한자를 배우면 여러모로 유익합니다. 한자와 한문에서 유래한 우리말 어휘는 주로 글말에서 많이 쓰였고 또 지식인 계층에서 많이 쓰였기에 함축이나 압축, 은유와 같은 추상적 뜻을 가진 말을 표현하는 데 편리합니다.

이에 덧붙여서 말하자면, 한문을 알면 새로운 언어 세계에 들어가게 됩니다. 영어를 배우면 영어가 만들어 놓은 세계에 들어갈 수 있듯 한문을 배우면 한문이 만들어 놓은 세계에 들어갈 수 있습니다. 내가 다른 나라의 언어를 더 배우면 그만큼 나의 의식 세계가 넓어지는 것입니다. 우리가 외국 여행을 하면서 느끼는 기쁨을 또한 외국어 학습을 통해 외국어 세계에 들어감으로써 느낄 수 있습니다.

우리 주위에는 한자 공부와 한자 학습에 관한 책이 많습니다. 그런데 또 한 권의 한자 학습에 관한 책을 내놓습니다. 살짝 미안한 생각도 드네요!

이 책을 꾸미게 된 까닭은 어린 친구들을 한자의 세계에 좀 더 진지하게 초대하고 싶었기 때문입니다. 이 책은 한자를 한문이라는 언어를 이루는 말의 단위로서 익히자 하는 목표를 세우고 썼습니다. 대부분의 한자 학습 책은 부수를 앞에 내세우고 부수가 같은 글자를 모아서 설명하거나 아니면 어휘의 갈래에 따라 글자를 배열하고 있습니다. 한자 학습은 대부분 이 두 가지 방법으로 합니다.

이 책도 기존의 방법을 따르고는 있지만 어떤 경우에는 한자 학습을 용이하게 하기 위해 예외를 두기도 했습니다. 부수나 갈래가 다른 한자이더라도 글자끼리의 연상이나 이미지, 내용의 연결을 고려하여 단원을 구성하기도 했습니다.

또한 글자마다 맨 먼저 갑골문이나 금문에서 해당 글자가 처음 나타났을 때 어떤 모양이었고 어떤 뜻으로 쓰였는가 하는 점을 들었습니다. 그러나 이런 설명이 100퍼센트 옳다고 할 수는 없습니다. 가능한 한 그럴듯하고 많은 사람이 받아들일 수 있으며 시간이 흐르면서 갖게 된 뜻과 연관된 설명을 많이 참조하였습니다.

그러므로 이 책을 읽는 여러분은 제 설명을 무조건 옳은 것으로 받아들이지 말고 다르게 볼 수도 있지 않을까 하는 궁금증을 가지기 바랍니다. 여러분이 이 책으로 한자와 너 쉽게 가까워지고 나아가 한자를 익힌 뒤 한문의 세계로 들어갈 수 있기를 바랍니다.

끝으로 이 책의 원고를 미리 읽어 보고 귀한 조언을 해 준 강정욱, 강서호 군에게 고마운 마음을 전합니다.

무등산 아래 二不齋에서
김태완 씀

차례

머리말 · 4

슬기로운 한자 공부법 · 10

만화 한자는 어떻게 생겨났나? · 12

모든 것은 '사람'에서 시작되다 · 14
　人 사람 인 · 15
　大 큰 대 · 16
　太 클 태 · 17
　天 하늘 천 · 18

만화 부수란 무엇인가? · 20

땅을 기준으로 삼아 볼까? · 22
　土 흙 토 · 23
　上 위 상 · 24
　下 아래 하 · 25
　地 땅 지 · 26

해와 달이 만물을 비추면 · 28
　日 날/해 일 · 29
　白 흰 백 · 30
　早 새벽/일찍 조 · 31
　月 달 월 · 32
　明 밝을 명 · 33

세상의 중심은 바로 나야! · 35
　我 나 아 · 36
　己 나/여섯째 천간 기 · 37
　父 아비 부 · 38
　母 어미 모 · 39
　生 날/살 생 · 40

물은 만물의 근원 · 42
　水 물 수 · 43
　氷 얼음 빙 · 44
　泉 샘 천 · 45
　川 내 천 · 46

나무가 모여 숲을 이루다 · 48
　木 나무 목 · 49
　本 뿌리/근본 본 · 50
　米 쌀 미 · 51
　林 수풀 림 · 52

불은 힘이 세다 · 54
　火 불 화 · 55
　禾 벼 화 · 56
　秋 가을 추 · 57
　香 향기 향 · 58

남자와 여자가 만나니 좋다 · 60
　男 사내 남 · 61
　女 계집 녀 · 62
　子 아들 자 · 63
　好 좋을 호 · 64

몸이 하는 일, 마음이 시키는 일 · 66
　身 몸 신 · 67
　心 마음 심 · 68
　必 반드시 필 · 69

귀와 손은 매우 중요해 · 71
　耳 귀 이 · 72
　手 손 수 · 73
　血 피 혈 · 74

만화 한자는 어떤 원리로 만들어졌나? · 76

'입 구(口)'는 쓰임새가 많아 · 78
　口 입 구 · 79
　足 발 족 · 80
　兄 맏 형 · 81
　名 이름 명 · 82
　命 명령할/목숨 명 · 83

몸이 천 냥이면 눈은 구백 냥 · 85
　目 눈 목 · 86
　見 볼 견 · 87
　首 머리 수 · 88

인간은 동물과 함께 살아가지 · 90
　犬 개 견 · 91
　牛 소 우 · 92
　馬 말 마 · 93
　羊 양 양 · 94
　魚 물고기 어 · 95

누가 더 개성이 있을까? · 97
　蟲 벌레 충 · 98
　角 뿔 각 · 99
　毛 털 모 · 100
　肉 고기 육 · 101
　羽 깃 우 · 102

만화 한자의 뜻과 소리 · 104

별 보러 가지 않을래? · 106
　山 뫼 산 · 107
　石 돌 석 · 108
　星 별 성 · 109
　谷 골 곡 · 110

대나무는 나무일까, 풀일까? · 112
　竹 대 죽 · 113
　草 풀 초 · 114
　花 꽃 화 · 115

세상에서 가장 높은 사람은? · 117
王 임금 왕 · 118
主 주인 주 · 119
玉 구슬 옥 · 120
長 길/어른 장 · 121

지위의 높고 낮음은 중요하지 않아 · 123
民 백성 민 · 124
工 장인 공 · 125
士 선비 사 · 126
友 벗 우 · 127

강에서 바다, 대양까지 · 129
江 강 강 · 130
海 바다 해 · 131
洋 큰 바다 양 · 132

비는 변신의 귀재 · 134
雨 비 우 · 135
雪 눈 설 · 136
雲 구름 운 · 137
電 번개 전 · 138

만화 한자는 어떤 순서로 쓸까? · 140

할아버지에서 손자로, 핏줄이 이어지다 · 142
弟 아우 제 · 143
祖 할아비/조상 조 · 144
孫 손자 손 · 145

아이는 존중받아 마땅한 존재야 · 147
童 아이 동 · 148
兒 아이 아 · 149
者 것/사람 자 · 150

때론 쉼이 필요해 · 152
休 쉴 휴 · 153
森 나무 빽빽할 삼 · 154
果 실과 과 · 155
校 학교 교 · 156

금, 은, 동 모두 귀중해 · 158
金 쇠 금 / 성 김 · 159
銀 은 은 · 160
銅 구리 동 · 161

머리와 몸, 그리고 기운 · 163
頁 머리 혈 · 164
頭 머리 두 · 165
體 몸 체 · 166
氣 기운 기 · 167

나무 목(木), 바쁘다 바빠 · 169
村 마을 촌 · 170
根 뿌리 근 · 171
樹 나무 수 · 172

찾아보기 · 174

슬기로운 한자 공부법

이제 한자 공부를 시작할 마음의 준비가 되었겠지?
그럼 재미있고 신비로운 한자의 세계에 푹 빠져 보자!

등장 인물

콩선생
한자의 권위자.
국산 콩으로 추출한
커피를 즐기고
밥상에 콩나물, 두부 등
콩 요리가 올라와야
젓가락을 든다.
취미는 텃밭에서
콩 재배하기.

초린
호기심 많고
똑똑한 여자아이.
콩선생님으로부터
한자를 배우고 싶어
부모님을 졸라 옆집으로
이사 올 정도로
한자 공부에
열성적이다.

빈구
초린과 같은 반 남자아이.
초린과 친해지기 위해
한자에 관심 있는 척하지만
아는 건 없다.
그래도 가끔 깜짝 놀랄 만한
재치를 발휘한다.

단원 소개

단원별로 3~5개의 한자를 소개하며,
학습에 30분 정도의 시간이 걸리도록 구성했다.

단원 소개에서는
그 단원에 나오는
한자들 사이의 관계를
그림으로 설명한다.

★ 진도를 나가면서 전에 배웠던 단원 소개를 반복해서 읽어 볼 것을 추천한다.

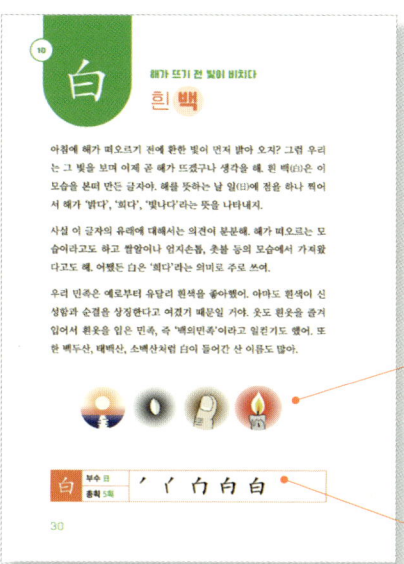

개별 한자 설명

한자의 의미가 역사나 문화 속에서 어떻게 사용되었는지 사례를 들어 살펴본다.

개별 한자가 처음에 어떤 모양에서 유래했고, 어떤 의미로 사용되었는지 설명한다.

한자 공부는 정확한 어순에 따라 반복적으로 써 보며 눈이 아니라 손으로 익혀야 한다.

모아 읽고 익히기

단원에서 소개한 한자들을 제대로 공부했는지 확인하는 단계이다.

이미 배운 한자는 한자로만 표기해서 단어 확장력을 높여 준다.

괄호 안에 앞에서 배운 한자의 뜻과 소리를 써 보고 답을 확인해 본다.

한자는 어떻게 생겨났나?

모든 것은 '사람'에서 시작되다

'사람 인(人)'에 금이나 점을 더하면 새로운 뜻의 한자가 만들어진다는 거 알고 있니? 人에 금을 더하면 '큰 대(大)'와 '하늘 천(天)'이 만들어지고, 大에 점을 찍으면 '클 태(太)'가 만들어져. 모든 것은 人, 즉 '사람'에서 시작된다는 것을 의미하지.

사실 한자 공부는 그리 어렵지 않아. 그리고 한자 공부가 쉽고 재미있다는 사실을 아는 것만으로도 공부의 절반은 한 셈이지. 이제 흥미진진한 한자의 세계 속으로 들어가 볼까?

사람의 옆모습을 본뜬

사람

사람 인(人)은 사람의 옆모습을 본떠서 만들었어. 글자를 가만 보면 사람이 옆으로 서서 팔 하나와 다리 하나를 내밀고 있는 것 같지 않니? 또는 어디를 향해 걸어가거나 두 사람이 등을 맞대고 있는 모습 같기도 해.

사람은 다른 동물들과 달리 두 발로 설 수 있어. 두 발로 서니 두 손을 마음대로 쓸 수 있고, 두 손을 쓰면서부터 점점 생각을 많이 하게 되었지. 그 덕분에 지구상에서 가장 뛰어난 존재가 되었다고 해도 틀린 말이 아니야.

人은 가장 많이 쓰이는 한자 중 하나야. 부수로도 쓰이는데, 이때는 '亻'으로 바뀌고, '사람인변'이라고 부른다는 사실도 알아 두렴. 직업, 신분, 성격, 행동 등 사람과 관련된 글자에 들어가.

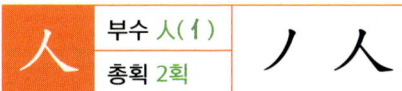

어때, 人이 부수로 쓰일 때는 모양이 바뀌는 게 보이지? 사람(亻)이 나무(木)에 기대어 있으니, '쉬다'는 뜻이 된 거야.

人	부수 人(亻)	ノ 人
	총획 2획	

양팔을 벌리고 서 봐

큰 대

사람 인(人)에 가로로 금을 하나 더 그은 글자야. 마치 사람이 양팔과 두 다리를 벌리고 서 있는 것 같지? 아주 크고 당당한 모습이야. 아이보다는 어른의 모습이라고 할 수 있어.

맞아. 큰 대(大)는 원래 양팔을 벌리고 서 있는 어른 남자를 그렸다고 해. 그러다 '크다'라는 의미로 변했지. 어른은 아이보다 크고 힘도 세잖아. 하늘도 크고 땅도 크고 사람도 크니, 사람이 팔을 벌리고 바로 선 모습으로 글자를 만들었어.

大는 부수로도 쓰이는 글자야. 大를 부수로 하는 글자는 '사람' 또는 '크다'는 뜻을 갖고 있어.

| 大 | 부수 大
총획 3획 | 一 ナ 大 |

큰 것에 점을 찍어 더욱 크게

어떤 것과 비교해서 큰 것을 큰 대(大)라고 하지? 그럼 그보다 더 큰 것은 어떻게 나타낼까? 大에 점을 하나 찍으면 돼. 이렇게 해서 만들어진 글자가 바로 클 태(太)야.

太는 더 큰 것, 더 오래된 것, 더 심한 것을 의미해. 예를 들어 태양(太陽)은 태양계의 중심이 되는 큰 항성이고, 태고(太古)는 아주 오랜 옛날이며, 태부족(太不足)은 많이 부족하다는 뜻이야.

이렇게 큰 것보다 더 큰 것을 나타내기 위해 太라는 글자를 만들었지만, 사실 大와 太를 구분하기는 쉽지 않아. 옛날에는 두 글자를 구분하지 않고 사용하기도 했어. 그리고 크다는 뜻을 가진 한자는 그 외에도 클 거(巨), 클 태(泰), 클 담(譚) 등이 있어.

하지만 우리 조상들은 이 두 글자를 구분하여 사용하고자 했는데, 벼슬을 만들 때도 활용했어. 옛날 신라 때 신하들 가운데 가장 높은 신하를 대각간(大角干)이라고 했어. 그런데 나중에 이 대각간보다 더 높은 벼슬이 필요했어. 그래서 대각간에 태(太)를 붙여 태대각간(太大角干)이라는 더 높은 벼슬을 만들었대.

太	부수 大	一 ナ 大 太
	총획 4획	

양팔 벌리고 선 사람 위에 높고 넓은
하늘 천

고개를 들어 위를 바라보면 무엇이 보이니? 아마 하늘이 보일 거야. 하늘 천(天)은 바로 하늘의 모습을 형상화한 글자야. 사람이 양팔과 두 다리를 벌리고 선 모습의 큰 대(大)에 가로획(一)을 그어 '하늘'을 뜻하는 글자를 만들었지.

이렇게 가로획을 어디에 두느냐에 따라 다른 글자가 만들어진단다. 가로획이 글자의 위에 있으면 하늘을 뜻하고 아래에 있으면 땅을 뜻하는 글자가 되지. 이것은 뒤에서 더 자세히 설명할게.

원래 天은 사람의 머리를 크게 강조한 모습이었어. 그래서 '위', '정수리', '꼭대기', '우두머리' 등을 뜻했지. 그러다 사람 머리 위의 높고 넓은 허공이라는 '하늘'의 의미로 쓰였어.

하늘은 곧 '하느님', '천자', '절대자'라는 의미와도 통해. 천자(天子)는 천제(天帝)의 아들, 즉 하늘의 뜻을 받아 하늘을 대신하여 천하를 다스리는 사람이라는 뜻이었거든. 우리나라에서는 임금 또는 왕이 그 역할을 부여받았어. 그 밖에 '자연', '천체', '천체의 운행' 등을 나타내는 말로도 쓰인단다.

| 天 | 부수 大
총획 4획 | 一 二 于 天 |

모아 읽고 익히기

지금까지 배운 한자를 정리해 봐요.
( ) 안에 한자의 뜻과 소리를 써넣으세요.
그리고 이 한자가 들어간 단어들을 반복하여 읽으면서
완벽하게 익혀 보세요.

사람의 옆모습을 본뜬 ( )	人	人간, 人격, 人기, 人물, 人생, 人재, 大人배
양팔을 벌리고 서 봐 ( )	大	大지, 大회, 大가집, 大장부, 大학교, 大한민국, 백년大계
큰 것에 점을 찍어 더욱 크게 ( )	太	太고, 太양, 太극기, 황太자, 太고시대, 太백산맥, 太평성대
양팔 벌리고 선 사람 위에 높고 넓은 ( )	天	天성, 天지, 天체, 天하, 마天루, 별天지, 天재지변

부수란 무엇인가?

땅을 기준으로 삼아 볼까?

앞에서 사람 인(人)에 점이나 금을 더해 새로운 글자를 만든다는 것을 배웠어. 어때, 한자 공부 어렵지 않지?
이번에는 땅과 기준과 관련된 한자를 공부할 거야. '흙 토(土)'와 '땅 지(地)'는 땅과 관련이 있고, '위 상(上)'과 '아래 하(下)'는 기준이 되는 곳의 위나 아래를 뜻하는 글자야. 모두 기본이 되는 한자들이지.

싹이 흙을 뚫고 자라다

 흙 토

이른 봄에 집 근처 언덕이나 밭에 가면 볼록하게 솟은 흙더미 위로 식물의 싹이 자라는 모습을 본 적이 있을 거야. 흙 토(土)는 이런 모습을 본떠 만든 글자란다. 흙 위로 새싹이 힘차게 돋아나는 것을 나타내지. 또는 열 십(十)은 흙더미를, 한 일(一)은 땅을 가리킨다고도 해.

흙은 우리에게 없어서는 안 될 존재야. 우리가 먹는 것, 입는 것, 숨 쉬는 것은 흙으로부터 얻어. 또한 최초의 인간인 아담은 흙으로 빚어진 존재이고, 비옥한 토양 위에서 인류의 문명이 찬란하게 꽃을 피웠어. 지금도 우리는 흙을 밟으며 학교에 가지.

흙과 땅을 혼용해서 쓰지만, 엄연히 다른 말이야. 바위가 부스러져 생긴 흙은 물과 모래, 자갈, 돌 등과 함께 땅을 이루는 주요 구성원이야. 땅이 흙이나 토양을 아우르는 더 넓은 의미인 것이지. 비옥한 흙이 있어야 땅은 만물을 쑥쑥 자라게 할 수 있어.

土를 부수로 하는 글자는 땅의 상태, 성질, 지역 등과 관련이 있어. 옛날에는 오랑캐의 침입을 막기 위해 흙으로 성을 쌓기도 했지.

土	부수 土	一 十 土
	총획 3획	

기준이 되는 곳의 위

위

머리를 들어 위를 보면 무엇이 보이니? 푸른 하늘이 보일 거야. 하늘은 우리의 머리 위에 있어. 이렇게 어떤 것을 기준으로 하여 그보다 높은 곳을 위라고 하고, 낮은 곳을 아래라고 해.

위 상(上)은 옛날에는 ㅗ 또는 二 모양으로 썼어. 기준이 되는 곳에서 그 위라는 의미이지. 그래서 上과 어울리는 글자는 높은 곳, 위를 뜻해. 예를 들면 '상류(上流)'는 흐르는 물의 위쪽이고, '상사(上司)'는 자기보다 벼슬이나 지위가 위인 사람이며, '지구상(地球上)'은 지구의 표면, 즉 지구의 위인 것이지.

그 밖에 上은 '앞', '이전', '첫째', '임금', '옛날'이라는 뜻도 갖고 있어.

기준이 되는 곳의 아래

위가 있으면 아래가 있겠지? 이번에 배울 한자는 위 상(上)의 반대인 아래 하(下)야.

동양에서는 예로부터 인간과 세상 만물을 음양의 법칙으로 설명하곤 했어. 전혀 다른 성질을 가진 양극의 기운이 우주 만물을 만들어 낸다고 보았던 것이지. 하늘이 있으면 땅이 있고, 빛이 있으면 어둠이 있고, 삶이 있으면 죽음이 있고, 여자가 있으면 남자가 있다고 말이야.

下는 옛날에는 丁 또는 二 모양으로 썼어. 上과는 반대지? 기준이 되는 곳에서 그 아래라는 의미야. 下는 공간적으로 사물의 아래, 낮은 곳을 나타낼 뿐만 아니라 하인(下人)이나 하품(下品)처럼 지위나 품질의 낮음을 의미하기도 해.

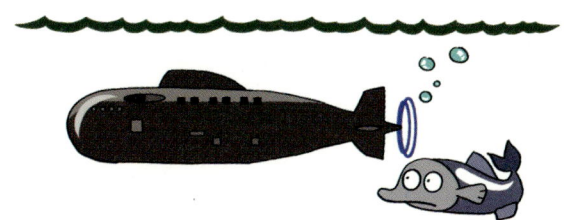

| 下 | 부수 一
총획 3획 | 一 丁 下 |

흙과 물이 있는 곳

땅

아주 옛날에 사람들이 많이 살지 않았을 때는 단어 몇 개로도 자신의 생각이나 의견, 사물의 이름 등을 나타낼 수가 있었어. 예를 들면 흙이나 땅을 나타내는 한자로 흙 토(土) 하나만 있어도 되었지. 그런데 사람들이 늘어나고 다른 곳에 사는 사람들과 어울리게 되면서 한 글자가 모든 뜻을 담아낼 수 없게 되었어. 그래서 새로운 글자들을 만들게 된 거야.

土와 땅 지(地)는 비슷한 뜻을 가진 글자로 둘 다 땅과 관련이 있어. 이 두 단어의 차이는 앞에서 살펴보았으니 참고하렴. 다만, 土가 흙과 땅덩이의 모습을 가리킨다면, 地는 하늘과 짝하여서 땅이 하는 일을 나타내.

地는 土와 어조사 야(也)가 합쳐진 글자야. 土는 부수로도 쓰이지. 여기서 也는 물을 담는 주전자를 나타내는 글자라고 해. 따라서 흙과 물을 담는 주전자가 있으니 흙과 물이 있는 곳, 즉 땅이라는 뜻이 되지. 地는 '땅' 외에도 '장소', '영토', '토지', '바탕' 등 땅과 관련한 글자에 두루 쓰인단다.

地	부수 土	一 十 土 扌 圠 地
	총획 6획	

26

모아 읽고 익히기

지금까지 배운 한자를 정리해 봐요.
( ) 안에 한자의 뜻과 소리를 써넣으세요.
그리고 이 한자가 들어간 단어들을 반복하여 읽으면서
완벽하게 익혀 보세요.

싹이 흙을 뚫고 자라다 ( )	土	土대, 土목, 土성, 土地, 국土, 영土, 土요일
기준이 되는 곳의 위 ( )	上	上경, 上관, 세上, 인上, 정上, 조上, 향上
기준이 되는 곳의 아래 ( )	下	下교, 下산, 下人, 下차, 신下, 天下, 문下생
흙과 물이 있는 곳 ( )	地	地방, 地下, 大地, 天地, 土地, 별天地, 天재地변

해와 달이 만물을 비추면

우리 주위의 자연물을 이용해서 글자를 만들 수도 있어. 대표적인 것이 해나 달을 이용해서 글자를 만든 거야. 이렇게 사물의 모습을 본떠서 만든 글자를 상형 문자라고 해.

둥근 해의 모습, 해가 뜨기 전 빛이 비치는 모습, 이른 새벽 나뭇가지 위로 해가 떠오르는 모습, 반달 모양, 해와 달이 함께 빛나는 모습 등 해와 달만으로도 많은 글자를 만들 수 있어.

해의 둥근 모습을 본뜬
날/해 일

우리는 두 눈으로 사물을 본단다. 그런데 그 사물이 어떻게 생겼는지 알려면 빛이 있어야 하고, 그 빛은 해(태양)에서 나오지. 빛은 밝고 환해. 해가 환한 빛을 비추면 만물이 저마다 빛깔을 드러내지. 그래서 해가 만물을 비추어서 밝게 하는 힘도 빛이라 하고, 만물이 햇빛을 받아서 드러나는 색도 빛이라고 해.

해는 빛과 함께 따뜻한 열을 가지고 있어서 나무나 풀 등 생명이 자라는 데도 큰 영향을 미치지. 해가 높이 뜨는 봄이나 여름에는 나무나 풀이 쑥쑥 자라고, 겨울에는 성장이 더디거나 멈추는 것만 봐도 해의 힘이 얼마나 센지 알 수 있어.

날/해 일(日)은 해의 둥근 모습과 가운데 흑점으로 보이는 무늬를 본뜬 것이라고 해. 아주 옛날에는 딱딱한 거북의 등딱지나 짐승의 뼈에 글자를 새겼는데(갑골문), 해의 둥근 모습을 새기기가 어려워서 지금과 같은 네모 모양이 되었대.

日은 해와 관련된 글자에 두루 쓰이고 날씨, 날짜, 시간, 밝음, 어둠 등을 나타내는 글자에 부수로도 쓰여.

| 日 | 부수 日
총획 4획 | ㅣ 冂 月 日 |

해가 뜨기 전 빛이 비치다

아침에 해가 떠오르기 전에 환한 빛이 먼저 밝아 오지? 그럼 우리는 그 빛을 보며 이제 곧 해가 뜨겠구나 생각을 해. 흰 백(白)은 이 모습을 본떠 만든 글자야. 해를 뜻하는 날 일(日)에 점을 하나 찍어서 해가 '밝다', '희다', '빛나다'라는 뜻을 나타내지.

사실 이 글자의 유래에 대해서는 의견이 분분해. 해가 떠오르는 모습이라고도 하고 쌀알이나 엄지손톱, 촛불 등의 모습에서 가져왔다고도 해. 어쨌든 白은 '희다'라는 의미로 주로 쓰여.

우리 민족은 예로부터 유달리 흰색을 좋아했어. 아마도 흰색이 신성함과 순결을 상징한다고 여겼기 때문일 거야. 옷도 흰옷을 즐겨 입어서 흰옷을 입은 민족, 즉 '백의민족'이라고 일컫기도 했어. 또한 백두산, 태백산, 소백산처럼 白이 들어간 산 이름도 많아.

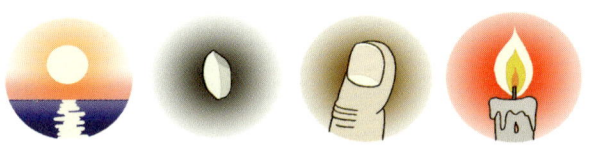

| 白 | 부수 日
총획 5획 | ′ ′ ′ 白 白 |

나뭇가지 위로 해가 떠오르니

새벽/일찍

해가 동쪽에서 떠오르는 모습을 본떠 만든 글자야. 해를 뜻하는 글자 날 일(日) 아래 열 십(十)은 원래 동쪽을 나타내는 옛 글자를 간단하게 쓴 것이지. 따라서 새벽/일찍 조(早)가 함께 쓰이는 글자는 아주 일찍 일어나는 일을 가리켜. '일찍' 외에 '이르다', '서두르다', '젊다' 등의 뜻도 있어.

옛날에는 해나 달이 뜨거나 지는 것으로 시간을 어림짐작했어. 새벽이나 아침을 뜻하는 글자에는 이런 시간 개념이 들어가 있어. 새벽 서(曙)는 동쪽이 희미하게 밝아 오는 즈음, 아침 효(曉)는 해가 떠오르기 시작하는 즈음, 아침 조(朝)는 달은 사라지고 해가 떠오르는 즈음, 아침 신(晨)은 농기구를 메고 논밭으로 나가는 즈음 등으로 말이야.

새벽을 뜻하는 早는 또 다른 아침을 뜻하는 글자인 아침 조(朝)와 어울려 이른 아침을 뜻하는 조조(早朝)로도 쓰여.

저 멀리 산 중턱 나뭇가지 위로 해가 떠오르면 이제 일어나서 학교 갈 준비를 해야겠지?

| 早 | 부수 日
총획 6획 | 丨 冂 冂 日 旦 早 |

반달로 달의 모양을 삼은
달 월

달 월(月)은 반달 모양을 본떠 만든 글자야. 우리가 보기에 해는 늘 둥근 모습이야. 그러나 달은 찼다 이지러졌다 사라졌다 하면서 계속 모습이 바뀌지. 그래서 그믐달도 보름달도 아닌 반달을 대표 모양으로 삼아 달을 나타내는 글자를 만들었어.

月을 부수로 삼은 글자는 달이나 밝음, 시간 등을 나타내. 그런데 여기서 한 가지 주의할 점은 月을 부수로 삼았다고 해서 모두 '달' 로 풀이해서는 안 된다는 거야. 月이 글자의 오른쪽, 왼쪽이나 아래에 올 때 그 의미가 달라지거든. 오른쪽에 오면 '달'을 의미하고, 왼쪽이나 아래에 오면 고기 육(肉)을 변형한 글자가 되지.

다음 글자들을 잘 익혀 두면 글자의 뜻을 파악하는 데 도움이 될 거야.

글자의 오른쪽 : 明(밝을 명), 朔(초하루 삭)

글자의 왼쪽 : 腸(창자 장), 脈(혈관 맥)

글자의 아래쪽 : 育(기를 육)

月	부수 月 총획 4획	丿 几 月 月

해와 달이 함께 빛나니

창에 달이 비쳐서 밝은 모습을 나타낸 글자야. 캄캄한 밤에 등불도 없는 어두운 방에 있다고 상상해 보자. 방 안이 온통 어두워서 아무것도 보이지 않아. 그런데 때마침 보름달이 떠서 창문을 비추는 거야. 그럼 달빛으로 인해 방 안이 밝아지면서 사람이나 사물의 모습이 드러나겠지.

그래서 밝을 명(明)은 처음에는 창문의 상형인 빛날 경(囧)에 달 월(月)을 더하여 나타냈어. 창문에 달빛이 비치니 '밝다'라는 의미였던 것이지. 그러다 지금은 해를 나타내는 날 일(日)과 月이 더해져 해와 달이 함께 빛나니 '밝다'라는 뜻이 되었어. 낮을 밝게 비추는 해와 밤을 환하게 밝히는 달이 함께 빛나니 얼마나 밝을까! 아마 온 세상이 환하겠지?

밝은 해나 달 아래서는 사물의 모습이 더 잘 보이기 마련이야. 숨겨진 것이 드러나기도 하고 말이야. 그래서 明은 시각적인 의미의 '밝음'을 넘어 '드러내다', '훤하다', '결백하다' 등 추상적인 의미까지 포함하고 있어.

| 明 | 부수 日
총획 8획 | 丨 冂 月 日 日﹅ 明 明 明 |

모아 읽고 익히기

지금까지 배운 한자를 정리해 봐요.
( ) 안에 한자의 뜻과 소리를 써넣으세요.
그리고 이 한자가 들어간 단어들을 반복하여 읽으면서
완벽하게 익혀 보세요.

해의 둥근 모습을 본뜬 ( )	日	日기, 日출, 내日, 생日, 식목日, 日요日, 차日피日
해가 뜨기 전 빛이 비치다 ( )	白	白설, 白의, 白지, 白호, 고白, 白두산, 明明白白
나뭇가지 위로 해가 떠오르니 ( )	早	早반, 早조, 早퇴, 早만간, 早생종, 시기상早, 早조할인
반달로 달의 모양을 삼은 ( )	月	月급, 月세, 月식, 만月, 세月, 생년月日, 日취月장
해와 달이 함께 빛나니 ( )	明	明白, 明암, 明태, 문明, 발明, 明세서, 明사십리

세상의 중심은 바로 나야!

이번에는 '나'와 관련된 글자를 살펴볼 거야. '나' 또는 '우리'를 뜻하는 글자인 '나 아(我)'는 도끼 모양의 창에서 유래했다고 해. 그 창으로 자신은 물론 부모와 이웃, 나라를 지켰지.
이 세상에는 나 혼자 존재할 수 없어. 아버지와 어머니, 즉 부모님이 계셔야 하지. 지금의 나를 있게 한 것들을 찾아서 한자 여행을 떠나 보자.

14 我

창을 들고 스스로를 지키는
나 아

'나' 또는 '우리'라는 뜻을 가진 글자야. 지금까지 배운 글자들보다는 어렵지? 그래도 이 정도는 알아야 한자 좀 안다는 말을 듣지 않겠어? 나 아(我)는 도끼 모양의 창에서 유래했다고 해. 그런데 이 무시무시한 무기가 어떻게 '나'를 나타내게 되었을까?

부수로 쓰인 창 과(戈)는 고대 중국에서 무기를 대표하는 글자였대. 그래서 이 글자가 들어간 한자는 무기나 전쟁과 관련이 있어. 我 역시 손(手)에 창(戈)을 들고 있는 모양새야. 이 무기로 지켜야 할 사람은 나가 아니었을까? 이렇게 我는 '무기'에서 '나'를 나타내는 일인칭 대명사가 되었어.

'나'라고는 하지만 나 한 사람만을 뜻하는 것은 아니야. 그 안에는 가족, 이웃 등 우리가 포함되어 있지. 아군(我軍)은 우리 편 군대이고, 자아(自我)라는 개념은 타아(他我)가 있어야 성립되거든.

'나'를 뜻하는 한자 정도는 알아 둬야지?

我	부수 戈
	총획 7획

一 二 千 手 我 我 我

몸을 앞으로 구부리고 앉은 모습

나/여섯째 천간 기

기(己)는 '나' 또는 '자기', '몸' 등의 뜻을 가진 글자야. 글자의 유래에 대해서는 구불구불한 새끼줄 모습이라고도 하고, 사람이 몸을 앞으로 구부리고 앉은 모습이라고도 해.

또한 己는 육십갑자에서 여섯째 천간을 나타내는 글자야. 간단하게 설명하면, 천간은 열 개이고 지지는 열두 개인데 천간과 지지를 하나씩 서로 겹치지 않게 짝을 지으면 모두 예순 개가 돼. 이를 육십 간지 또는 육십갑자라고 하지.

옛날에는 아라비아 숫자가 없었기 때문에 육십갑자로 세월이나 사람의 나이를 나타내기도 했어.

절대로 외울 필요 없어.

천간	갑(甲), 을(乙), 병(丙), 정(丁), 무(戊), 기(己), 경(庚), 신(辛), 임(壬), 계(癸)
지지	자(子), 축(丑), 인(寅), 묘(卯), 진(辰), 사(巳), 오(午), 미(未), 신(申), 유(酉), 술(戌), 해(亥)
띠	쥐, 소, 호랑이, 토끼, 용, 뱀, 말, 양, 원숭이, 닭, 개, 돼지

己	부수 己	ㄱ ㄱ 己
	총획 3획	

손에 매를 들고 가르치는

아비 부(父)는 '아버지', '어른'이라는 뜻을 가진 글자야. 손에 작대기 같은 것을 들고 있는 모양에서 가져왔어.

손에 든 것을 매(회초리)라고 하는 사람도 있고, 돌도끼라고 하는 사람도 있고, 횃불이라고 하는 사람도 있어. 이렇듯 손에 든 물건에 대한 해석은 제각기 다르지만 가르치고, 사나운 짐승이나 적으로부터 지키고, 생계를 책임지고, 어둠을 밝히는 도구를 나타내지.

그래서 父는 한 집에서 중심이 되는 사람, 아이를 가르치는 사람, 집안을 이끄는 사람을 나타내는 글자가 되었어.

지금은 그렇지 않지만 그리 오래지 않은 시절까지만 해도 아버지는 자녀를 가르칠 때 매를 들었어. 잘못을 해도, 공부를 게을리해도 매를 들어 바로잡고자 했지. 이때 아버지가 든 매는 '사랑의 매'라고도 했어. 사랑을 표현하고 잘못을 바로잡기 위해 꼭 매를 들어야 할까?

父	부수 父	ノ ハ 冫 父
	총획 4획	

아이에게 젖을 먹이는 사람
어미

한 집안을 이끄는 사람인 아버지(父)가 있으면 어머니도 있어야겠지? 그래야 지금의 나를 있게 한 '부모(父母)'라는 존재가 완성이 되지.

어미 모(母)는 양손을 모으고 앉은 여인을 뜻하는 계집 녀(女)에 가슴을 의미하는 두 점을 더해 만들어진 글자야. 즉, 아이에게 젖을 먹이는 사람이라는 뜻이지. 뒤에서 계집 녀(女)에 대해 배울 때 이 글자가 다시 등장하게 될 거야.

"엄마!" 하고 가만히 불러 봐. 가장 먼저 어떤 것이 떠오르니? 아마도 어릴 적 나를 안아 주시던 엄마의 넉넉한 품이 아닐까. 그래서 어머니를 나타내는 글자는 엄마의 젖가슴 모양으로 그렸다고 해.

母는 '어머니' 외에도 '기르다', '양육하다', '나이 많은 여자', '암컷'이라는 뜻을 갖고 있어.

母	부수 母	ㄴ 凸 妇 母 母
	총획 5획	

땅에서 새싹이 돋아나니
날/살 생

땅 위로 새싹이 돋는 모습을 그린 글자야. 아래 한 일(一)은 땅을, 위는 싹을 나타내. 풀이나 나무는 봄에 이렇게 땅 위로 작은 싹을 내밀어. 그러고는 머지않아 가지를 뻗고 뿌리를 내려 몸을 쑥쑥 키워 나가지. 그런데 글자에서는 왼쪽 가지가 힘껏 뻗지 못하고 있네.

풀은 늦가을에 시들어 죽고 이듬해 봄에 새싹이 돋아나기 때문에 새로 생겨나는 것들을 대표한다고 할 수 있어. 삶과 죽음은 서로 상대적이야. 삶이 없으면 죽음도 없고, 죽음이 없으면 살아 있는 것도 의미가 없다는 뜻이지. 좀 철학적인 비유이긴 하지만, 풀의 한해살이가 우리 삶과 비슷한 것 같구나.

이처럼 날/살 생(生)은 태어나서 자라고 살아가는 것과 관련이 있어. 어머니가 아기를 낳고, 닭이 알을 낳는 것도 새로운 생명을 품고 키워 내는 것이라고 할 수 있지.

生은 '나다'와 '살다' 외에도 '낳다', '기르다', '서투르다' 등의 뜻이 있어. 선생(先生)이나 학생(學生) 등의 '사람'이라는 뜻도 있고 말이야.

生	부수 生 총획 5획	ノ ノ ㅗ 𠂉 生

모아 읽고 익히기

지금까지 배운 한자를 정리해 봐요.
( ) 안에 한자의 뜻과 소리를 써넣으세요.
그리고 이 한자가 들어간 단어들을 반복하여 읽으면서
완벽하게 익혀 보세요.

창을 들고 스스로를 지키는 ( )	**我**	我군, 我집, 자我, 물我일체, 我전인수, 자我도취, 자我실현
몸을 앞으로 구부리고 앉은 모습 ( )	**己**	극己, 자己, 지己, 이己심, 이己주의, 자己소개, 지피지己
손에 매를 들고 가르치는 ( )	**父**	父母, 父자, 사父, 조父, 父母형제, 父전자전, 수양父母
아이에게 젖을 먹이는 사람 ( )	**母**	母녀, 母자, 母친, 분母, 유母, 조父母, 父生母육
땅에서 새싹이 돋아나니 ( )	**生**	生명, 선生, 人生, 학生, 기사회生, 生년月日, 生로병사

물은 만물의 근원

인류의 역사는 강에서 시작되었다고 할 수 있어. 거의 모든 고대 문명이 강을 중심으로 생겨나서 오늘에 이르렀거든. 강이 없었다면 지금 우리는 존재하지 못했을 거야. 고대 그리스의 철학자 탈레스는 물을 만물의 근원이라고 하며 매우 중시했어. 이런 물의 흐르는 모습이나 발원지 등을 본떠 만든 글자들을 공부해 보자.

물이 모여 흐르다

물이 흐르는 모습을 본떠 만든 글자야. 가운데 획은 물이 반듯하게 흐르는 모습을, 왼쪽과 오른쪽 획은 많은 물이 출렁거리며 흘러가는 모습을 나타내지.

물은 일정한 형태가 없어. 장애물이 없는 곳에서는 잔잔하게 흐르다가 바위나 언덕을 만나면 출렁거리며 흘러가. 물 수(水)는 물의 이런 형태와 속성을 잘 반영하고 있어.

또한 물은 우리 인간을 비롯하여 생물이 살아가는 데 없어서는 안 될 중요한 존재야. 우리 몸의 70퍼센트가 물로 이루어져 있다는 것은 잘 알 거야. 만약 물이 조금이라도 부족하면 쉽게 피로해지고 급기야 병에 걸리게 되지.

水는 부수로도 쓰이는데, 이때는 글자 모양이 달라진다는 것을 기억해 두렴. 글자 왼쪽에 올 때는 '氵' 모양이 되고, '삼수변'으로 읽어. 물방울 세 개가 모인 것 같지? 글자 아래에 올 때는 '氺' 모양으로 바뀐단다.

水	부수 水	｜ 亅 水 水
	총획 4획	

앗, 차가운 얼음!
얼음 빙

우리는 한여름이면 차가운 얼음으로 만든 간식을 먹곤 해. 막대 아이스크림부터 얼음을 갈아 만든 빙수까지, 한입 먹으면 온몸이 시원해지는 것 같아.

잘 알다시피 얼음은 물을 얼려 만든 거야. 한자로는 얼음 빙(氷)이라고 해. 원래 글자는 仌를 두 개 겹쳐 놓은 모양이었어. 얼어서 물 표면이 솟아오른 모습을 나타낸 것이지. 나중에 이것이 冫 모양으로 바뀌어서 '차다', '얼다'는 뜻을 갖는 글자의 부수로 쓰이게 되었어. 그래서 원래 얼음 빙은 冰으로 써. 氷이라고 한 것은 간단히 쓴 거야. 水에 점 하나만 찍으면 氷이 되니 기억하기 쉽지?

물이 얼면 흐르지 않고 덩이가 지지. 그러나 얼음이 녹으면 얼음 덩어리가 둥둥 떠내려가다가 서로 부딪치기도 하고 포개지기도 해. 그러고 보니 冰은 물에 둥둥 떠가는 얼음 모양으로 보이네.

氷	부수 水	亅 亅 冫 氷 氷
	총획 5획	

깊은 산속 옹달샘 누가 와서 먹나요
샘

'깊은 산속 옹달샘 누가 와서 먹나요/ 새벽에 토끼가 눈 비비고 일어나/ 세수하러 왔다가 물만 먹고 가지요'

〈옹달샘〉이라는 동요의 일부야. 이른 새벽에 잠이 덜 깬 토끼가 깊은 산속에 있는 옹달샘에 세수하러 왔다가 물만 먹고 간다는 내용이 너무나 귀엽지? 이 옹달샘이 바로 샘 천(泉)과 관련이 있어.

泉은 바위틈이나 산골짜기에서 물이 졸졸 흘러나오는 모습을 본떠 만든 글자야. '샘' 또는 '지하수'를 뜻하지. 글자를 나누어 보면 물 수(水)에 흰 백(白)이 더해졌는데, 이때 白은 '희다'라는 뜻이 아니라 옹달샘 모양을 나타낸 것이라고 봐야 해.

샘은 땅속을 흐르던 물이 땅 표면을 뚫고 솟아 나오는 곳 또는 그 물을 말해. 우물은 땅에 웅덩이를 파서 물이 괴게 한 곳을 말하고. 샘 가운데 작고 오목한 샘은 옹달샘이라고 하지.

지금은 수도꼭지를 틀면 물이 나오지만, 옛날에는 물 한 통을 얻기 위해 마을의 우물이나 시냇가로 가야 했단다.

泉	부수 水	ノ ィ 白 白 白 白 身 泉 泉
	총획 9획	

22 川

얼굴 찌푸리지 마
내 천

물줄기가 내를 이루어 흘러가는 모습을 나타낸 글자야. 가운데 획은 흐르는 물을, 바깥의 두 획은 강 양쪽 언덕을 나타낸다고 할 수 있지. 밭이나 논에 도랑을 파서 물이 흘러가게 한 모습인 것도 같아. 글자 전체로 물이 흘러가는 모습을 잘 보여 주고 있어.

앞에서 배운 물 수(水)와 내 천(川)은 원래 물이 흐르는 모습을 본떠서 글자를 만들었어. 다만, 水가 물의 성질이나 특징과 관련된 글자로 쓰이는 반면 川은 하천의 특징과 관련된 글자에 쓰인다는 점이 다르지. 그리고 川이 부수로 쓰일 때는 '개미허리변 천(巛)'으로 모양이 바뀐단다.

참, 우리가 기분이 좋지 않거나 언짢은 일이 있으면 인상을 팍 쓰지? 어른들은 그 모습을 두고 이마에 川을 그린다고 놀리시곤 해. 이맛살을 찌푸리면 두 눈썹 사이에 주름이 지는데, 그 모습이 川이라는 글자처럼 보이는 거야. 이왕이면 얼굴 찌푸리지 말고 늘 웃으면서 즐겁게 지내 보자꾸나. 이것은 이 콩선생이 추구하는 삶의 목표이기도 하단다. 어험!

川	부수 川(巛)	ノ 丿 川
	총획 3획	

모아 읽고 익히기

지금까지 배운 한자를 정리해 봐요.
( ) 안에 한자의 뜻과 소리를 써넣으세요.
그리고 이 한자가 들어간 단어들을 반복하여 읽으면서
완벽하게 익혀 보세요.

물이 모여 흐르다 ( )	水	水도, 水영, 水준, 조水, 호水, 홍水, 분水령
앗, 차가운 얼음! ( )	氷	氷水, 氷판, 氷하, 박氷, 해氷, 석氷고, 해氷기
깊은 산속 옹달샘 누가 와서 먹나요 ( )	泉	염泉, 온泉, 원泉, 한泉, 황泉, 온泉욕, 탄산泉
얼굴 찌푸리지 마 ( )	川	산川, 인川, 하川, 산川어, 청계川, 명산大川, 산川초목

47

나무가 모여 숲을 이루다

이번에는 나무(木)에서 시작하는 글자들을 공부해 보자. 나무에 금을 긋거나 점을 찍으면 새로운 글자들이 만들어져. 나무 두 개를 합쳐서 글자를 만들 수도 있고 말이야.

이렇게 이미 만들어진 글자에 점이나 금 등을 더하여 만든 글자를 지사 문자라고 해. 또한 상형 문자를 합하여 새로운 뜻을 만들어 내는 글자를 회의 문자라고 해. 이번 단원에서는 '나무 목(木)'에서 시작하는 지사 문자와 회의 문자를 알아보자.

나무를 나타내는 모든 글자의 뿌리
나무

나무 목(木)은 나무의 줄기와 잎, 뿌리를 본떠 만든 글자야. 마치 한 그루의 나무가 땅속에 단단히 뿌리를 내린 채 가지를 뻗어 나가고 있는 것 같지 않니?

나무는 옛날부터 아주 쓰임새가 많았어. 살 집과 먹을 음식은 물론 아이들에게는 즐거운 놀이 대상이 되어 주었지. 아이들은 나무에 올라가서 놀거나 나무의 꽃이나 잎을 따 먹고 나무에 키를 재면서 자랐어. 여러분도 나무에 얽힌 기억 하나쯤 있을 거야.

木은 부수로도 많이 쓰여. 木 아래에 금을 그으면 나무뿌리를 뜻하는 글자(本)가 되고, 위에 오면 나무의 끝을 나타내는 글자(末)가 되며, 나무 두 그루가 모이면 수풀(林)이 되지.

이렇듯 木은 나무를 나타내는 글자에 두루 쓰이는 씨앗 글자란다.

| 木 | 부수 木
총획 4획 | 一 十 十 木 |

나무에 금을 그어 흔들리지 않게
뿌리/근본 본

나무 목(木) 아래에 금을 그어서 '뿌리'를 나타낸 글자야. 뿌리는 나무가 굳건하게 서서 비바람에 견딜 수 있게 하고, 물과 영양분을 빨아들여서 잘 자라도록 하지.

뿌리는 나무의 가장 아래에 있으니 '밑'을 뜻하고, 뿌리에서 초목이 시작되니 '근본', '기원'을 의미해. 또한 사람의 근본이나 기원은 '조상', '고향'이라고 할 수 있지.

지금은 많이 쓰지 않지만 예전에는 어른들이 아이들에게 본관(本貫)을 묻곤 했어. 본관은 시조(始祖)가 태어난 곳을 가리키는 말로 '나의 뿌리'라고 할 수 있어. 내가 풍산 류 씨라면 본관은 안동시 풍산읍이 되는 것이지. 흠흠, 조상의 뿌리를 찾아가다 보니 너무 멀리까지 갔구나. 아무튼 뿌리는 사람이나 초목의 근간을 이루는 중요한 요소란다.

木에 금을 그어서 뿌리/근본 본(本)을 만든 것처럼 이미 있는 글자에 점이나 금을 더해서 만든 글자를 지사 문자라고 해. 앞으로 이런 원리로 한자를 만든 예들이 많이 나올 테니 잘 기억해 두렴.

| 本 | 부수 木
총획 5획 | 一 十 才 木 本 |

한 그릇의 밥을 먹기까지

쌀 미

글자 모양은 나무 목(木)에 점 두 개를 찍은 것처럼 보이지? 하지만 단독으로 쓰이는 글자이고 나무와는 관련이 없어.

쌀 미(米)는 '쌀'이나 '곡식의 낟알'을 뜻하는 글자야. 주로 쌀을 가리키지. 처음 글자를 만들 때는 위아래 두 줄로 점을 세 개씩 찍어서 곡식 낟알이 흩어져 있는 모습을 나타냈어. 그러다 가운데에 금을 그어서 이삭에 곡식 낟알이 달린 모습을 표현했는데, 가운데 금과 위아래 점을 이어서 열 십(十)으로 그리고 나머지 점 넷으로 해서 지금과 같은 글자가 되었어.

또한 米를 풀면 팔십팔(八十八)이 돼. 씨앗을 뿌려 추수할 때까지 여든여덟 번 손을 거쳐야 할 만큼 힘들고, 그만큼 정성을 다해야 비로소 한 그릇의 밥을 먹을 수 있다는 데서 이 글자가 나왔대. 밥 먹는 것이 쉽지 않다는 것을 표현한 말 같구나.

米는 부수로도 쓰이는데, 대체로 '쌀'과 관련이 있어. 가루 분(粉)은 쌀가루로 만든 것이고, 알 립(粒)은 쌀 알갱이를 말하며, 호구(糊口)는 입에 풀칠을 할 정도로 겨우 끼니를 이어 간다는 뜻이지.

米	부수 米	丶 丷 䒑 半 米 米
	총획 6획	

나무 두 그루가 모이면

수풀 림

나무(木)와 나무(木)가 어우러지면 커다란 숲(林)이 되지. 사물을 본떠 만든 글자를 상형 문자라고 하고, 이 상형 문자를 합하여 새로운 뜻을 만들어 내는 글자를 회의 문자라고 해. 수풀 림(林)은 회의 문자의 대표적인 예야. 나무 목(木) 두 개가 합해져 '나무가 많다'라는 뜻의 새로운 글자가 만들어졌거든. 林보다 나무가 더 많은 것은 나무 빽빽할 삼(森)이라고 해.

나무가 우거진 숲은 많은 생물의 터전이야. 숲에는 새가 깃들어 둥지를 틀고 짐승이 굴을 파고 촘촘한 떨기나무 밑을 보금자리로 해서 살아가지. 또 나무는 많은 물을 지녔다가 흘려보내서 물고기가 살게 해.

그런데 이런 나무가 없다면 어떨까? 새와 짐승은 물론 우리 인간도 살 수 없겠지. 우리가 나무를 잘 가꾸어야 하는 이유란다.

木　　林　　森

林	부수 木	一 十 十 木 木 村 村 林
	총획 8획	

모아 읽고 익히기

지금까지 배운 한자를 정리해 봐요.
( ) 안에 한자의 뜻과 소리를 써넣으세요.
그리고 이 한자가 들어간 단어들을 반복하여 읽으면서
완벽하게 익혀 보세요.

나무를 나타내는 모든 글자의 뿌리 ( )	木	木석, 木성, 木수, 묘木, 수木, 식木, 식木日
나무에 금을 그어 흔들리지 않게 ( )	本	本능, 本성, 本질, 근本, 기本, 원本, 동성동本
한 그릇의 밥을 먹기까지 ( )	米	米곡, 米음, 백米, 현米, 군량米, 정米소, 정부米
나무 두 그루가 모이면 ( )	林	林야, 무林, 밀林, 산林, 삼林, 죽林, 산林욕

불은 힘이 세다

우리 인간이 다른 동물보다 강한 힘을 가질 수 있었던 것은 불을 사용할 수 있었기 때문이야. 만약 불이 없었다면 인간은 생존은 물론 지금처럼 찬란한 문명도 꽃피울 수 없었을 거야.

이번 시간에는 활활 타오르는 불꽃 모양을 본뜬 글자인 '불 화(火)'와 이 글자에서 유래한 '가을 추(秋)'를 알아볼 거야. 그러려면 '벼 화(禾)'를 반드시 익혀 두어야 한단다.

활활 타오르는 불꽃

불 화

불 화(火)는 활활 타오르는 불꽃 모양을 본뜬 글자야. 가만 보면 불이 타오르는 것 같기도 하고, 화산이 폭발하는 것 같기도 하지?

우리 인간이 다른 동물보다 강한 힘을 가질 수 있었던 까닭은 불을 사용할 수 있었기 때문이야. 아득한 옛날부터 인간은 쇠를 녹여서 칼이나 농기구를 만들고 여러 가지 쓸모 있는 기구와 탈것을 만들어서 문명을 일구었어. 불을 이용할 수 없었다면 인간은 찬란한 문명을 꽃피울 수 없었을 거야.

火는 부수로도 쓰이는데 불의 성질, 불의 모양, 불과 관련한 물건, 불에 견줄 수 있는 마음의 상태 등을 나타내. 또한 어느 위치에 오느냐에 따라 모양이 달라지는데, 아래에 올 때는 점 네 개(灬)를 나란히 늘어놓은 모습이 되지.

火	부수 火(灬)	丶 丶 丷 火
	총획 4획	

볏과 식물의 줄기와 이삭

벼 화

뒤에 나오는 가을 추(秋)를 이해하기 위해서는 벼 화(禾)를 먼저 익혀야 해. 불 화(火)에 禾가 더해져 '가을'을 뜻하는 한자가 만들어졌거든.

원래 글자는 기장이나 조와 같은 볏과 식물의 줄기와 이삭을 본떴다고 해. 아주 옛날 중국 화북 지역에서는 주로 밭농사를 지었어. 그런데 이때 재배한 곡물은 벼가 아니라 기장이나 조 같은 것이었어. 나중에 벼가 곡물을 대표하면서 禾가 벼를 가리키는 글자가 되었지만, 원래는 조나 기장처럼 이삭이 나서 많은 열매를 맺는 곡물 전체를 가리키는 글자였던 거야.

글자를 가만 보면 곡물의 뿌리와 줄기, 잎사귀가 있고 이삭은 여물 대로 여물어 고개를 숙이고 있는 것 같아. 또는 나무 목(木)에 이삭이 달린 모습으로도 보이지.

禾가 부수로 쓰일 때는 곡물, 곡식의 이름이나 성질, 곡식을 심어 가꾸는 일과 관련이 있어. 또 옛날 중국에서는 벼를 세금으로 내었기에 세금을 의미하는 글자에도 들어간단다.

| 禾 | 부수 禾 | 一 二 千 禾 禾 |
| | 총획 5획 | |

'禾'와 '火'가 만나니
가을 추

가을 추(秋)는 앞에서 공부한 벼 화(禾)와 불 화(火)가 합쳐진 글자야. 볕에 잘 익은 곡식을 거둬들이는 계절이 '가을'이라는 뜻으로 풀이할 수 있어.

그런데 갑골문에는 禾가 아닌 메뚜기 한 마리와 그 아래 불이 그려져 있어. 메뚜기를 불에 굽는 모습을 표현한 것이라고 할 수 있을 거야. 옛날 중국에서는 메뚜기가 살이 통통하게 오른 가을에 불에 구워서 단백질을 섭취했다고 해.

한편으로 메뚜기는 엄청난 골칫거리이기도 했어. 여름에서 가을 사이에 떼를 지어 몰려와 애써 가꾼 곡식을 닥치는 대로 먹어 치웠으니까. 그래서 사람들은 들판에 불을 질러서 메뚜기 떼로부터 곡식을 지키고자 했지. 우리나라에서도 메뚜기로 인한 피해가 심해서 군대를 보내 잡기도 했대.

불에 구워 먹든 태워 없애든 메뚜기에서 유래한 이 글자는 나중에 禾로 바뀌면서 지금 우리가 알고 있는 곡식이 익는 가을을 뜻하게 되었어.

秋	부수 禾	ノ 二 千 千 禾 禾 禾' 秋 秋
	총획 9획	

향기로운 냄새와 달콤한 맛

향기

벼 화(禾)를 배운 김에 관련된 글자를 하나 더 배워 볼까? 향기 향(香)이라는 글자야.

香은 기장이나 조와 같은 곡식을 나타내는 글자(禾)와 입에 음식을 머금고 있는 모습(甘→日)이 결합하여 만들어졌어. 배가 고플 때 밥 짓는 구수한 냄새를 맡으면 절로 군침이 돌지. 그리고 갓 지은 밥을 입에 넣고 여러 번 꼭꼭 씹으면 단맛이 나. 그래서 이 글자는 '맛이 달다', '향기롭다'는 뜻을 나타내.

사람은 냄새로 먹어서 좋은 것과 먹을 수 없는 것, 구역질 나는 것, 해로운 것을 구분할 수 있어. 먹을 수 있고 맛있는 먹을거리는 좋은 냄새가 나니까. 물론 아주 곰삭은 청국장이나 치즈는 고약한 냄새가 날 수도 있지만 이런 발효된 음식 냄새는 해롭거나 독한 냄새와는 다르지.

아무튼 곡식이나 과일이 잘 익으면 좋은 냄새가 나고 그리하여 향기로운 냄새를 나타내는 글자를, 기장이나 조와 같은 곡식과 음식을 입에 넣고 씹어서 달콤한 맛을 느끼는 모습을 합하여 만들었어.

| 香 | 부수 香
총획 9획 | 一 二 千 千 禾 禾 香 香 香 |

모아 읽고 익히기

지금까지 배운 한자를 정리해 봐요.
( ) 안에 한자의 뜻과 소리를 써넣으세요.
그리고 이 한자가 들어간 단어들을 반복하여 읽으면서
완벽하게 익혀 보세요.

활활 타오르는 불꽃 ( )	火	火산, 火상, 火장, 火재, 발火, 소火기, 풍전등火
볏과 식물의 줄기와 이삭 ( )	禾	禾곡, 禾묘, 맥禾
'禾'와 '火'가 만나니 ( )	秋	秋상, 秋석, 秋수, 입秋, 춘秋, 춘하秋동
향기로운 냄새와 달콤한 맛 ( )	香	香기, 香로, 香水, 香유, 방香, 香신료

59

남자와 여자가 만나니 좋다

앞에서 사람 인(人)에 점이나 금을 더해서 큰 대(大), 클 태(太), 하늘 천(天)이 만들어지는 것을 살펴보았어.
이번에는 남자(男), 여자(女), 자식(子)이라는 글자가 어떻게 만들어졌는지와 이 글자들이 어울려서 만들어진 글자(好)를 익혀 보자. 한자 공부를 할 때 자주 접하게 되는 글자들이기도 하니 이번 시간에도 파이팅!

쟁기로 밭을 가는 사람
사내

사내 남(男)은 밭 전(田)과 힘 력(力)이 합쳐진 글자야. 쟁기(力)로 밭(田)을 가는 사람은 남자라는 뜻이지.

옛날에 우리나라 중국에서는 농사를 지어서 먹고 살았어. 그래서 농사지을 땅을 마련하고 그 땅을 경작하는 일은 사회를 유지하고 나라를 경영하는 가장 중요한 바탕이었지. 땅을 개간하고 경작지를 일구는 일은 모두 남자들 몫이었어. 밭을 일구는 남자의 역할을 가리키기 위해 이 글자가 생긴 것이지.

나중에는 밭에서 일하는 사람들을 이끌고 다스리는 관리를 나타내는 글자로도, 또 남자의 존칭으로도 쓰였어. 고대 중국에서는 귀족을 나타내는 다섯 등급의 맨 아래를 남작이라고 했단다.

男	부수 田	ㅣ 冂 曰 田 田 男 男
	총획 7획	

'계집 녀' 대신 '여자 녀'
계집 녀

앞에서 어미 모(母)를 공부할 때 이미 이 글자가 나왔어. 母는 계집 녀(女)에 가슴을 의미하는 두 점을 더해 만들어진 글자라고 말이야. 기억나니? 이렇듯 두 글자는 글자 모양에서부터 연관성이 있어.

女는 두 손을 모으고 다소곳이 앉은 여자의 옆모습을 본떠서 만들었다고 해. 글자를 보면 눈길을 아래로 향한 채 두 손을 모으고 무언가를 하고 있어. 아마 집안일을 하고 있거나 아이에게 젖을 먹이는 중일지도 몰라.

옛날에는 이렇게 여자는 집안일이나 육아를 하고, 남자는 밭에서 일하는 것으로 역할을 나누곤 했어. 앞에서 사내 남(男)이 쟁기로 밭을 가는 사람에서 유래했다고 했잖아.

그러나 지금은 남자의 일, 여자의 일이라는 구분이 따로 없어. 물론 남자나 여자가 잘하는 일이 있지만, 서로의 영역을 넘나들며 부족한 점을 메우고 있지. 그리고 '계집'이 낮잡아 이르는 말이라고 여겨서 女를 '계집 녀' 대신 '여자 녀'라고 부르자고 한단다.

女	부수 女	く 夂 女
	총획 3획	

강보에 싸인 남자아이
아들

한 가정을 이루는 가장 작은 단위는 아버지, 어머니, 아들 또는 딸로 이루어진 구성이라고 할 수 있어. 부모 중 한 분만 계시거나 두 분 다 계시지 않을 수도 있고, 자식들이 더 많을 수도 있어. 또는 혈연이 아닌 사람들이 가족을 꾸리기도 해. 이렇듯 가족의 모습은 시대에 따라 다양하게 변해 왔어.

또한 아들이라고 해서 편애하거나 딸이라고 해서 구박하지도 않아. 그러나 옛날에는 아들을 귀하게 여겨서 자식의 대표로 삼고, 자녀(子女)처럼 아들을 나타내는 글자를 먼저 썼지.

아들을 뜻하는 글자인 아들 자(子)는 갓난아이의 모습에서 가져왔어. 아직 두 발로 서지 못하는 갓난아이는 강보에 싸인 채 머리와 두 팔을 내놓고 있네.

옛날에는 子가 '아이'나 '자식'을 뜻하다가 아들을 귀하게 여기게 되면서 '남자아이'를 가리키게 되었어. 농경 시대에 아들은 농사를 짓는 데 더 도움이 된다고 여겼거든. 나중에는 '자식'이나 '사람', '당신', '스승' 등과 같은 의미로도 쓰였지.

子	부수 子	一 了 子
	총획 3획	

엄마가 아이를 안고 기뻐하다

좋을 호

좋을 호(好)는 계집 녀(女)와 아들 자(子)가 합쳐진 글자야. '좋다' 외에도 '아름답다', '사랑하다', '기뻐하다' 등의 의미가 있어.

또는 女는 여자, 子는 남자를 가리켜서 남녀가 서로 짝을 이룬다는 뜻을 나타내는 글자라고도 해. 흔히는 엄마가 아들을 낳아서 안고 기뻐하는 모습이라고 풀이를 하지. 또는 아이 낳을 때가 된 여자를 소중하게 여긴 것이라고도 하고 말이야. 왜냐하면 예전에는 아이를 많이 낳아야 가문의 대를 이을 수 있고, 농사를 짓는 데 힘을 보탤 수 있었기 때문이야.

好는 좋은 일을 나타내는 글자에 두루두루 쓰여. 성품이 좋은 사람은 호인(好人), 사는 동안 편안히 잘 살다가 자기 명을 다 누리고 고통 없이 죽으면 호상(好喪)이라고 해. 우리가 좋아하는 '호떡'에도 '호'가 들어가네. 그렇지만 이때의 '호'는 좋을 호(好)가 아니겠지?

好	부수 女	ㄥ 夕 女 女ˊ 女̛ 好
	총획 6획	

모아 읽고 익히기

지금까지 배운 한자를 정리해 봐요.
( ) 안에 한자의 뜻과 소리를 써넣으세요.
그리고 이 한자가 들어간 단어들을 반복하여 읽으면서
완벽하게 익혀 보세요.

쟁기로 밭을 가는 사람 ( )	男	男매, 男성, 男子, 男편, 미男, 처男, 男女노소
'계집 녀' 대신 '여자 녀' ( )	女	女왕, 女子, 소女, 시女, 처女, 효女, 선男선女
강보에 싸인 남자아이 ( )	子	子식, 군子, 동子, 서子, 제子, 父子유친, 子子손손
엄마가 아이를 안고 기뻐하다 ( )	好	好감, 好평, 선好, 양好, 好기심, 好불好, 好의好식

몸이 하는 일, 마음이 시키는 일

'몸 신(身)'은 몸을, '마음 심(心)'은 마음을 대표하는 글자야. 우리가 두 발로 걷거나 달리는 것은 몸이 하는 일이고, 가슴이 뛰거나 누군가를 좋아하는 것은 마음이 시키는 일이지.

몸과 마음은 나라는 사람을 지탱하는 중요한 두 가지 요소야. 우리의 몸과 마음에서 어떤 글자들이 만들어졌는지 공부해 보자.

배가 부른 사람의 옆모습

몸

몸 신(身)은 사람의 몸을 본떠서 만든 글자야. 그중에서도 아이를 가진 여자의 옆모습을 나타낸 것이라고 하지. 身에 '(아이를) 배다'라는 뜻이 있는 것도 바로 이 때문이야. 그러다 나중에 머리 아래부터 발 위까지의 '몸' 또는 '몸의 상태', '신체'라는 뜻으로 쓰이게 되었어.

사람의 몸은 머리, 가슴, 배와 팔다리로 이루어졌어. 발로 걷고 손으로 물건을 다루고 머리로 생각을 해. 그리고 머리에 있는 눈·코·귀·입으로 보고, 냄새 맡고, 소리를 듣고, 말을 하고 밥을 먹지. 가슴과 배에는 여러 장기가 있어서 숨을 쉬게 하고 피를 돌게 하며 먹은 음식을 소화시키게 하지.

이렇게 몸은 우리가 잘 돌보지 않을 때에도 열심히 제 할 일을 하고 있어. 만약 몸의 어느 한 부위에 문제가 생기면 우리는 아파서 엉엉 울게 될 거야. 더러는 통증이 심해져서 병원에 가야 할지도 몰라. 그러니 평소에 밥을 잘 먹고 운동도 열심히 해서 내 몸을 잘 보살피도록 하자.

身	부수 身	′ 亻 亻 自 自 身 身
	총획 7획	

심장이 두근두근 뛰다

마음 심

글자를 가만 보면 심장처럼 보이지 않니? 온몸에 피를 돌게 해서 우리를 살아 움직이게 하는 심장 말이야. 맞아. 갑골문을 보면 사람이나 동물의 심장 모습을 본떠서 마음 심(心)이라는 글자를 나타냈어.

사람은 몸과 마음으로 이루어져 있어. 몸은 먹고 자고 일을 하는 등의 활동을 담당하고, 마음은 생각을 하고 몸을 움직이게 만들지. 옛사람들은 갑자기 무서운 일을 겪거나 누군가를 좋아할 때 가슴이 두근두근 뛰는 것은 가슴속 심장이 일으키는 일로 여겼다고 해. 그리고 피가 돌아야 사람이 움직이고 생각하면서 살아갈 수 있으니 피를 돌게 하는 심장을 사람 몸의 주인으로 보았지.

사람 몸에서 심장이 중심이듯 물건에도 속이 있고, 일에도 맨바탕이 있어. 물건의 속이나 일의 바탕도 心이라는 글자로 만들지. 중심(中心), 핵심(核心), 원심력(遠心力), 구심력(求心力) 등은 心을 뿌리로 해서 만들어진 글자들이야. 참, 心이 글자 왼쪽에 오면 '忄' 형태가 되고, '마음심변' 또는 '심방변'으로 읽는다는 것도 기억해 두렴.

心	부수 心(忄)	ㆍ 心 心 心
	총획 4획	

화살을 쏘아 경계를 나누다
반드시 필

반드시 필(必)이라는 글자를 자세히 보면 앞에서 배운 마음 심(心)과 비슷하게 생겼지? 부수도 心이야. 하지만 '심장'이나 '마음'과는 아무 관련이 없단다.

必은 여덟 팔(八)과 주살 익(弋, 줄 달린 화살)이 합쳐진 글자야. 옛날에는 땅을 나눌 때 줄 달린 화살을 쏘았어. 그리고 그 화살이 날아간 자리에 말뚝을 박고 분명하게 경계를 나누었지. 이것이 나중에 '반드시', '틀림없이' 등의 뜻으로 발전했어.

참, 必은 心에서 유래한 글자가 아니므로 글자 쓰는 순서도 다르니 주의해서 써야 해.

必	부수 心(忄)	丶 丷 必 必 必
	총획 5획	

모아 읽고 익히기

지금까지 배운 한자를 정리해 봐요.
( ) 안에 한자의 뜻과 소리를 써넣으세요.
그리고 이 한자가 들어간 단어들을 반복하여 읽으면서
완벽하게 익혀 보세요.

배가 부른 사람의 옆모습 ( )	身	身장, 身체, 心身, 자身, 출身, 身분증, 입身양명
심장이 두근두근 뛰다 ( )	心	心장, 결心, 양心, 중心, 핵心, 원心력, 이心전心
화살을 쏘아 경계를 나누다 ( )	必	必수, 必시, 必연, 必요, 生必품, 必독서, 사必귀정

귀와 손은 매우 중요해

몸과 마음에 이어 귀와 손, 피와 관련된 글자를 공부해 보자.
'귀 이(耳)'는 한쪽 귀를, '손 수(手)'는 다섯 손가락을 활짝 펼친 모습을 본떠서 만들었어. 그리고 '피 혈(血)'은 그릇에 피 한 방울이 똑 떨어지는 모습을 형상화했지.
신체를 나타내는 글자 중에서 입(口)과 눈(目)은 아주 중요해서 뒤에서 따로 살펴볼 거야.

耳 手 血

38 耳

귀로 들어서 알다

귀 01

우리 몸에서 가장 중요한 기관은 어디일까? 입? 눈? 코? 어느 하나를 고를 수 없을 만큼 다 중요하지. 귀 또한 이들 못지않게 중요한 기관이야. 귀가 없으면 들을 수도, 제대로 된 대화도 할 수 없기 때문이지.

우리 몸이나 사물을 본떠서 만든 글자가 많다고 했는데, 이번에 공부할 귀 이(耳)도 마찬가지야. 耳는 한쪽 귀 모양을 본떠서 만들었어. 자세히 살펴보면 오른쪽 귀처럼 보일 거야. 처음에는 오른쪽 귀의 귓바퀴와 귓불까지 세세하게 그렸어. 그러다 차츰 새기거나 쓰기 좋게 반듯한 획으로 바뀌어 지금에 이르게 되었지.

耳는 '귀' 또는 귀로 듣는 행위를 두루 일컫는 글자야. 이 글자에서 귀를 크게 그려 강조한 것은 듣는 것이 그만큼 중요하다는 뜻이지. 그러나 말하는 상대를 향해 귀를 열어 놓았다고 해도 주의를 기울여 듣지 않는다면 안 듣느니만 못해. 아마도 쇠귀에 경 읽기(牛耳讀經)가 되지 않을까? 그러니 상대의 말을 주의 깊게 듣고 내 마음을 솔직하게 표현해서 소통 잘하는 사람이 되어 보자.

耳	부수 耳	一 丆 F F 王 耳
	총획 6획	

다섯 손가락을 활짝 펼쳐 봐
손 수

처음에는 손 하나를 활짝 펼쳐서 다섯 손가락이 보이는 모양을 본떠서 만들었어. 그러다가 글자 모양이 점점 간단해지면서 가운데 내리그은 금에 빗금과 가로금을 더하여 지금과 같은 글자가 되었다고 해.

우리나라 사람들은 손재주가 좋아. 어려서부터 젓가락을 사용해서 그렇다고 하는 사람도 있어. 맞는 말 같아. 젓가락을 사용하려면 손의 크고 작은 근육을 모두 써야 하니까. 어려서부터 손 근육을 골고루 쓰다 보면 저절로 손재주가 좋아지겠지?

손 수(手)는 부수로도 쓰이는 글자야. 왼쪽에 올 때는 획을 줄여서 간단하게 '扌' 모양으로 쓰기도 해. 手를 부수로 하는 글자는 손이나 손동작, 손을 써서 하는 일을 가리키지.

手	부수 手(扌)	一 二 三 手
	총획 4획	

그릇에 담긴 피 한 방울

피

아주 옛날에는 한 해 농사의 풍년이나 사람들의 건강과 안녕 등을 기원하기 위해 조상이나 신에게 제사를 지냈어. 이때 소나 양 같은 짐승을 사냥해서 제물로 바쳤어. 피 혈(血)은 이 성스러운 제물의 피를 그릇에 담은 모양을 본뜬 글자야. 마치 피 한 방울이 그릇(皿, 그릇 명)에 똑 떨어지는 것 같지 않니?

제물의 피에서 유래한 血은 나중에 인간이나 동물의 피를 두루 의미하게 되었어. 그리고 피로 맺어진 관계를 뜻하는 혈통이나 혈연 등으로 넓어졌지. 혈육(血肉)은 글자 그대로 피와 살을 아우르는 말이야. 부모와 자식, 형제자매를 혈육이라고 하는데, 피로 이어진 관계라는 뜻이지. 피는 물보다 진하다는 말을 들어 본 적 있을 거야. 실제로 피가 물보다 진하기도 하지만 그만큼 혈육의 정이 깊음을 이르는 말이란다.

이렇게 피는 신에게 바치고, 맹세를 하고, 국가 간에 조약을 맺을 때도 사용됐어. 피를 나누어 마시거나 피로 손도장을 찍거나 글씨를 쓰는 등 다양한 방식으로 결심을 표현하고 맹세를 했지.

血	부수 血	′ ´ 冖 冇 血 血
	총획 6획	

모아 읽고 익히기
★★★

지금까지 배운 한자를 정리해 봐요.
( ) 안에 한자의 뜻과 소리를 써넣으세요.
그리고 이 한자가 들어간 단어들을 반복하여 읽으면서
완벽하게 익혀 보세요.

귀로 들어서 알다 ( )	耳	耳명, 耳목, 耳순, 우耳독경, 耳목구비, 耳비인후과
다섯 손가락을 활짝 펼쳐 봐 ( )	手	手단, 手족, 木手, 악手, 착手, 자手성가, 공手래공手거
그릇에 담긴 피 한 방울 ( )	血	血액, 血육, 血통, 지血, 고血압, 모세血관, 조족지血

한자는 어떤 원리로 만들어졌나?

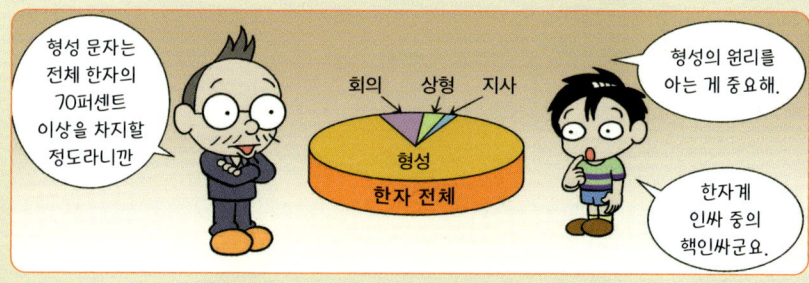

'입 구(口)'는 쓰임새가 많아

우리 얼굴에 있는 여러 기관 중에서 입은 말을 하고 밥을 먹는 아주 중요한 역할을 하지.

이런 입 모양을 본떠 만든 글자가 '입 구(口)'야. 口가 부수로 쓰이거나 다른 글자와 결합해서 다양한 글자가 만들어져. 즉, 口가 위에 있으면 발(足)과 형(兄)을 뜻하는 글자가 되고, 부수로 쓰이면 이름(名)과 명령하다(命)는 뜻의 글자가 되지. 물론 '발 족(足)'의 口는 입이 아니라 정강이를 의미하지만 외우기 편하게 여기에 함께 넣었어.

사람의 입 모양을 본뜬

입 구(口)는 사람의 입 모양을 본뜬 글자야. 사람은 입으로 말을 하고 밥을 먹고 물을 마시지. 살아가기 위해 몸에 필요한 영양분을 얻고, 마음속에 담긴 생각을 밖으로 표현하는 기관이 바로 입이야.

그러니 입으로 들어가는 음식도 깨끗하고 좋아야 하고, 입에서 나오는 말도 곱고 아름다워야겠지. 옛사람들은 말은 조심해서 하고 음식은 가려서 먹으라고 가르쳤어.

세 번 생각하고 한 번 말하라는 삼사일언(三思一言), 화는 입으로부터 생기므로 말을 삼가야 한다는 구화지문(口禍之門), 좋은 약은 입에 쓰다는 양약고구(良藥苦口) 등 말(입)과 관련한 사자성어도 많아. 그만큼 말을 조심해서 하고 입을 함부로 놀려서는 안 된다는 뜻이란다.

口는 부수로도 쓰이는 글자야. 口를 부수로 하는 글자는 사람이나 동물, 물건의 주둥이, 사람이 입으로 하는 동작이나 행위, 장소의 어귀 등을 나타내. 더 나아가 처음 만들 때와 달리 뜻이 변하여 입과 관련이 없는 글자에까지 널리 쓰이게 되었어.

口	부수 口	丨 口 口
	총획 3획	

무릎에서 발끝까지
발 족

처음 글자 모양은 무릎에서 발끝까지를 나타냈어. 그러다 차츰 간단하게 그려서 위의 네모는 정강이를, 아래의 나뭇가지 모양은 발과 발가락을 나타내서 발을 뜻하는 글자가 되었지.

발은 손과 함께 우리 신체에서 없어서는 안 될 존재야. 손과 발을 합해서 수족(手足)이라고 하는데, 수족 같은 존재는 꼭 필요한 존재라는 의미이지. 그리고 우리가 즐겨 먹는 음식 가운데 돼지족발이 있는데, 足이라는 글자를 가만 보면 돼지족발처럼 보이지 않니?

발 족(足)은 부수로도 쓰이는 글자야. 足이 부수로 쓰일 때는 '발의 동작'이나 '가다'라는 뜻을 나타내. 또는 '뿌리', '지키다', '만족하다' 등의 의미도 있어.

足 부수 足 ` ㅏ 口 무 무 足 足
   총획 7획

입으로 아랫사람을 가르치는
맏 형

맏 형(兄)은 입 구(口)에 어진사람 인(儿)이 합쳐진 글자야. '형'이나 '맏이'라는 뜻을 갖고 있어. 여기서 儿은 사람 인(人)이 변한 거야. 人과는 달리 독자적으로 쓰이지 않고 위에 다른 글자를 붙여 새로운 글자를 만들어. 따라서 兄은 입과 사람이 결합한 글자라고 할 수 있어. 입으로 아랫사람을 가르치는 모습인 것이지.

아랫사람은 아우를 뜻하기도 해. 형은 아우보다 먼저 태어나서 경험이 많고 또 아는 것도 많아. 그래서 자기가 아는 것과 경험한 것을 아우에게 입으로 깨우쳐서 이끌어 주려고 해. 형이나 누나가 아는 체하고 가르치려 한다면 아마 그런 마음이 있기 때문일 거야.

兄은 갑골문에서 하늘을 향해 꿇어앉은 채 입을 크게 벌리고 있는 사람을 나타냈다고 해. 신에게 기도를 하는 것이지. 신에게 기도를 할 수 있는 사람은 연장자였고, 그래서 兄이라는 글자가 만들어졌대.

兄	부수 儿	` 丨 口 口 尸 兄 `
	총획 5획	

저녁에 이름을 불러 알아보다

이름

이름 명(名)은 저녁 석(夕)과 입 구(口)가 합쳐진 글자야. 夕은 초승달을 그린 것으로 '저녁'이라는 뜻을 갖고 있어. 그런데 '입'과 '저녁'은 '이름'과 어떤 관계가 있을까?

아주 오래전에는 해가 지고 밤이 되면 어두워서 바깥 활동을 할 수가 없었어. 그래서 집으로 돌아와 일찍 잠자리에 들었어. 그러나 자리에 누워도 금방 잠이 오지는 않았어. 형제자매와 놀이를 하거나 볼일을 보러 자리에서 일어나기도 했어.

이렇게 자리에서 일어났다가 다른 사람과 부딪치면 놀라서 비명을 질렀어. 그 비명으로 상대방이 누구인지, 어디쯤 있는지 어림짐작을 할 수 있었어. 잘 아는 사람들, 같이 사는 사람들은 목소리만 들어도 알 수 있으니까. 또는 이름을 불러서 누구인지를 알아볼 수도 있었어. 그래서 '저녁'과 '입'을 합해서 어떤 사람을 부르는 이름을 가리키는 글자(名)가 생겨나게 되었대.

名은 '이름' 외에도 '평판', '소문', '명분', '이름나다', '훌륭하다' 등의 뜻을 가지고 있어.

名	부수 口	ノ ク タ 夕 名 名
	총획 6획	

입으로 명령해서 부리다

명령할/목숨 명

명령할/목숨 명(命)은 입 구(口)와 명령할 령(令)이 합쳐진 글자야. 입으로 명령을 내린다는 뜻이지.

그런데 명령을 내리는 사람은 높은 사람, 주인이라고 할 수 있어. 옛사람들이 가장 높은 분으로 받들었던 이는 하늘(님)이니 하늘이 시키는 일, 하늘이 마련해 준 것을 나타내는 글자는 命과 관련이 있어. 운명(運命)이나 천명(天命), 사명(使命)처럼 말이야. 그리고 하늘이 나에게 준 것 가운데 가장 중요한 것이 목숨이니 '목숨' 또는 '생명'을 나타내는 글자로도 쓰였어.

'진인사대천명(盡人事待天命)'이라는 말이 있어. 사람으로서 해야 할 일을 다 하고 나서 하늘의 뜻을 기다린다는 것이지. 어떤 일이든 최선을 다해 노력하라는 뜻이야.

그런데 아무리 최선을 다해 노력해도 자신이 원하는 결과가 나오지 않을 수도 있어. 그렇다고 해도 크게 실망하거나 좌절할 필요는 없어. 노력만큼 값진 것은 없고, 그 과정에서 얻은 게 분명 있을 테니까.

命	부수 口	ノ 人 人 亼 合 合 命 命
	총획 8획	

모아 읽고 익히기

지금까지 배운 한자를 정리해 봐요.
(　) 안에 한자의 뜻과 소리를 써넣으세요.
그리고 이 한자가 들어간 단어들을 반복하여 읽으면서
완벽하게 익혀 보세요.

사람의 입 모양을 본뜬 (　　　)	口	口전, 식口, 입口, 口설수, 돌파口, 유口무언, 일口이언
무릎에서 발끝까지 (　　　)	足	足구, 만足, 사足, 手足, 자足, 안분지足, 조足지血
입으로 아랫사람을 가르치는 (　　　)	兄	兄수, 매兄, 의兄제, 학父兄, 난兄난제, 兄제자매, 호父호兄
저녁에 이름을 불러 알아보다 (　　　)	名	名사, 名예, 공名, 성名, 대名사, 名불허전, 名실상부
입으로 명령해서 부리다 (　　　)	命	命령, 生命, 운命, 혁命, 사命감, 지天命, 人命재天

몸이 천 냥이면 눈은 구백 냥

만약 부모님이나 친구의 얼굴을 볼 수 없고, 책도 읽을 수 없다면 어떨까? 마치 캄캄한 어둠 속에 있는 기분이겠지? 그래서 '몸이 천 냥이면 눈은 구백 냥'이라는 옛말도 있어.

이렇게 눈이 중요한 신체 기관이다 보니 관련된 한자도 많아. 사람의 눈 모양을 본뜬 '눈 목(目)', '보다'라는 행위를 나타내는 '볼 견(見)' 등은 모두 눈과 관련이 있어.

首 ← 目 → 見

눈을 부릅뜨고 보다

눈 목

사람의 눈동자와 눈가를 함께 그려서 눈을 나타낸 글자야. 눈을 부릅뜬 모습 같지 않니? 원래는 눈이 가로로 그려진 모양이었다고 해. 그런데 나중에 이 글자를 죽간(竹簡, 중국에서 종이가 발명되기 전에 글자를 기록하던 대나무 조각)에 옮겨 적으면서 가로로 긴 글자를 넣을 수 없어 세로로 썼대.

우리 몸에 있는 여러 기관 중 소중하지 않은 게 없어. 그런데 그중에서도 눈은 '몸이 천 냥이면 눈은 구백 냥'이라는 말이 있을 만큼 매우 중요하지. 만약 눈이 제 기능을 못한다면 마치 캄캄한 어둠 속에 있는 것과 같을 거야. 부모님이나 친구의 얼굴도 볼 수 없고, 책을 읽을 수도 없겠지.

눈 목(目)은 부수로도 쓰여서 '눈'이나 '시력', '견해', '보다' 등을 뜻해. 비슷한 글자로 눈 안(眼)이 있어. 目이 '눈으로 보다'라는 뜻까지 아우른다면 眼은 '눈'이나 '눈동자'를 가리키지. 눈과 관련된 질환을 치료하는 병원을 안과(眼科)라고 하는 이유도 이런 한자의 뜻과 관련이 있어.

目	부수 目	｜ 冂 冂 月 目
	총획 5획	

백 번 듣는 것보다 한 번 보는 것이 낫다

볼 견(見)은 눈 목(目)과 어진사람 인(儿)이 합쳐진 글자야. 사람이 눈으로 '보다'라는 뜻을 가지고 있어. 앞에서 배운 目처럼 눈을 크게 그려서 보는 것의 중요성을 강조했지.

사람이 무엇을 아는 것은 곧 보는 것과 관련이 있어. 무엇을 안다고 할 때 제일 먼저 알아보는 것은 나를 둘러싼 자연의 사물이지. 사물을 보아서 무엇으로 알아보고 그런 앎이 쌓여서 생각을 통해 아는 것으로 발전해. 그래서 우리는 무엇을 안다고 할 때 안다고도 하지만 알아본다고도 하지. 먹는 것도 먹어 본다, 입는 것도 입어 본다, 듣는 것도 들어 본다고 하고 말이야.

'백 번 듣는 것보다 한 번 보는 것이 낫다'라는 말이 있어. 코끼리가 어떻게 생겼는지 백 번 듣는 것보다 한 번 보는 게 코끼리를 아는 가장 확실한 방법이라는 뜻이야.

見과 目은 눈으로 보는 행위를 나타내는 글자야. 다만, 目이 '눈'과 관련된 의미로 쓰인다면 見은 보는 행위를 뜻한다는 사실을 기억해 두렴.

見	부수 見	丨 冂 冂 目 目 見 見
	총획 7획	

首

무리의 우두머리

머리

위는 머리카락, 아래는 얼굴을 그려서 사람의 '머리'를 형상화한 글자야. 그런데 갑골문을 보면 사람이 아니라 동물의 머리가 그려져 있고, 이후 뿔을 그려 넣어서 사슴을 그린 것으로 짐작을 해. 하지만 지금은 사람의 머리를 뜻하는 글자로 쓰이지.

머리는 사람의 몸에서 맨 위에 있고, 또 가장 먼저 눈에 띄는 부위야. 그래서 머리 수(首)는 '머리' 외에도 '으뜸', '맨 앞', '첫째' 등의 뜻을 가지고 있어. 또한 사람의 무리에서 지위가 가장 높은 사람을 지칭하는 '우두머리'라는 의미로도 쓰이지.

한 나라의 최고 지도자를 국가 원수(元首)라고 하는데, 이때 首가 우두머리라는 의미야. 우리나라에서는 대통령이 그 역할을 맡고 있어. 그 밖에 집단이나 단체의 우두머리인 수장(首長), 한 당파나 무리의 우두머리인 수령(首領) 등이 있어.

그리고 동물을 셀 때 한 마리, 두 마리라고 하는데, 마리라는 말이 머리에서 나왔다고 해. 동물을 세어서 한자로 나타낼 때는 몇 두 또는 몇 수라고 하는데, 두나 수 역시 머리를 가리키는 한자어야.

首	부수 首	` ` ` ` ` ` ` ` ` ` ` ` ` ` ` ` ` ` 首
	총획 9획	

모아 읽고 익히기

지금까지 배운 한자를 정리해 봐요.
( ) 안에 한자의 뜻과 소리를 써넣으세요.
그리고 이 한자가 들어간 단어들을 반복하여 읽으면서
완벽하게 익혀 보세요.

눈을 부릅뜨고 보다 ( )	目	目격, 면目, 안目, 耳目, 주目, 괄目상대, 目불인見
백 번 듣는 것보다 한 번 보는 것이 낫다 ( )	見	見문, 見학, 見해, 발見, 선입見, 見물生心, 明見만리
무리의 우두머리 ( )	首	首긍, 首도, 首석, 首훈, 원首, 首구초心, 학首고대

89

인간은 동물과 함께 살아가지

강아지를 반려동물로 키운다면, 우리 집에서 서열 1위는 누굴까? 너무 쉽다고? 맞아, 당연히 강아지일 거야. 옛날과 달리 강아지의 신분이 엄청 높아졌어. 그에 비해 멋진 뿔을 가진 소와 풍성한 갈기를 휘날리는 말, 온순한 양은 옛날 농사를 짓던 시절에 비해서는 쓰임새가 적어졌지.
각 동물들의 특징이 잘 드러난 글자들을 보면서 한자 공부를 해 보자.

가장 사랑받는 반려동물
개

개 견(犬)은 개의 모습을 본떠 만든 글자야. 개가 옆으로 비스듬히 누워 있어. 글자의 왼쪽은 앞뒤 다리, 오른쪽 아래는 꼬리, 점은 귀를 나타내지. 글자에서 꼬리를 흔들며 반가워하는 귀여운 개의 모습이 보이는 것 같지 않니?

개는 아주 오래전부터 우리 인간과 함께 살아왔어. 갑골문 이전의 문자라고 하는 도문(陶文, 고대 토기에 새겨진 문자)에도 이 글자가 발견될 정도로 말이야. 개는 인간이 가장 먼저 길들인 동물이자 지금은 가장 사랑받는 반려동물이지.

犬은 단독으로도, 부수로도 쓰여. 부수일 때는 '犭' 모양으로 변하고, 개의 공격적인 특징을 나타내는 글자(犯, 狂, 猛), 뛰어난 후각을 이용한 사냥과 관련한 글자(狩, 獵, 獸), 비슷한 동물들을 분류하는 글자(類, 狀) 등으로 다양하게 쓰이지.

그러나 개가 늘 긍정적인 의미만을 나타내지는 않아. 사람 노릇을 제대로 못할 때는 개에 견줘 낮잡아 말하기도 하고, 앞잡이를 뜻하는 주구(走狗), 충견(忠犬) 등으로 쓰기도 해.

犬	부수 犬(犭)	一 ナ 大 犬
	총획 4획	

소는 머리에 뿔이 우뚝 솟았지

소 우

원래 소 우(牛)는 소의 두 뿔과 두 귀를 간단하게 그려서 글자로 만들었어. 소 하면 크고 단단한 두 개의 뿔이 먼저 생각나잖아. 그런데 지금은 글자에 뿔이 하나만 남아 있어.

소는 힘이 세고 덩치도 크지만, 성질이 온순해서 사람들이 일찍부터 길을 들여 밭을 갈거나 물건을 실어 나르게 했어. 옛날 농사를 짓던 시절에 소는 식구나 마찬가지였지.

또 사람들이 고기를 얻는 데도 아주 중요한 짐승이었어. 나라에서나 집안에서 제사를 지낼 때 소를 잡아서 그 고기를 신이나 조상에게 바쳤거든. 그래서 牛가 들어가는 글자는 제사와 관련된 것이 많아.

牛를 부수로 삼은 글자는 소나 소와 관련한 물건, 소를 이용하는 방법, 제물(祭物) 등을 뜻하지.

| 牛 | 부수 牛
총획 4획 |  |

갈기를 휘날리며 달리는
말

원래는 말의 옆모습, 즉 큰 머리와 갈기, 네 다리, 꼬리를 본떠 글자를 만들었어. 소 우(牛)가 소의 단단한 뿔을 강조해서 글자를 만들었다면, 말 마(馬)는 말의 풍성한 갈기를 강조해서 글자를 만들었지.

말은 소와 함께 사람이 길들여서 부리는 짐승이야. 소가 주로 밭을 갈거나 짐을 날랐다면 말은 타고 다니거나 수레를 끌었지. 지금은 말을 주로 승마를 위해 기르지만, 옛날에는 이동하는 데 없어서는 안 될 중요한 교통수단이었어.

또한 말은 전쟁에서도 빼놓을 수 없었어. 무예를 익히고 전쟁에 나가려면 반드시 말을 다룰 줄 알아야 했어. 옛날 역사책에 나오는 유명한 장수나 영웅은 사납고 날쌘 말을 타고 군대를 호령했어.

馬가 부수로 쓰일 때는 말의 종류, 말의 동작, 말과 같이 빠르고 날쌘 모양을 나타내.

馬	부수 馬
	총획 10획

丨 丆 斤 斤 馬 馬 馬 馬 馬

순한 양 같은
양 양

양 양(羊)은 양의 머리를 본뜬 글자야. 양은 긴 얼굴과 구부러진 뿔이 인상적인 동물이지. 여기에 덧붙여 복슬복슬한 털도 빼놓을 수 없어. 양이라고 하면 온몸에 난 털이 먼저 생각나잖아.

예로부터 양은 우리 인류에게 무척 유용한 동물이었어. 고기는 물론 젖을 얻고, 털이나 가죽으로 옷을 만들어 입었어. 이런 점 때문에 아주 일찍부터 소, 말과 함께 길들여서 가축으로 길렀어. 지금도 몽골 등에서는 유목민들이 양 떼를 몰고 옮겨 다니면서 살고 있지.

이처럼 양은 쓰임새도 많고 온순해서 길한 동물로 여겼어. 순한 양이라는 말은 양을 가리키는 말로 흔히 쓰이고, 사람의 착한 성격을 나타낼 때도 순한 양 같다고 해. 아름다움(美), 착함(善), 상서로움(祥)을 뜻하는 글자도 羊과 관련이 있어.

또한 양은 소처럼 제물로 쓰이기도 했어. 희생양(犧牲羊)은 '희생이 되어 제물로 바쳐지는 양'을 일컫는데, 다른 사람의 이익이나 목적을 위하여 자신의 것을 빼앗긴 사람을 비유적으로 이르는 말이야.

羊	부수 羊	、 ` ` ´ ´ 羊
	총획 6획	

물 위로 팔딱팔딱 뛰어오르는
물고기 어

물고기 모양을 본뜬 글자야. 고기 어(魚)를 자세히 살펴보면 물고기 머리와 비늘, 지느러미가 보이는 것 같지 않니? 물고기가 물 위로 금방이라도 팔딱팔딱 뛰어오를 것만 같아.

바다에는 육지보다 더 많은 생물종이 살고 있어. 그중에서도 물고기는 가장 종류도 많고 중요한 구성원이지. 물고기는 물의 흐름에 몸을 맡기고 지느러미로 자유로이 헤엄을 쳐. 사람들은 그 모습을 보고 물고기가 자유를 상징한다고 여겼어.

그리고 물고기는 막이 있어서 물속에서도 눈을 뜨고 있기에 맑게 깨어 있는 정신을 나타낸다고도 했어. 그래서 절에 가면 대웅전이나 전각의 네 귀퉁이에 풍경을 매달아 놓고 물고기 모양의 추를 늘어뜨린 것을 볼 수 있지.

魚가 부수로도 쓰이는데, 이때는 어류의 종류나 부위, 특성 등을 나타내. 참, 고기 잡는 일을 하는 사람인 어부는 고기 잡을 어(漁)를 쓴다는 사실도 기억해 두렴.

魚	부수 魚	ノ ⺈ ⺈ 𠂊 𠂊 甪 甪 魚 魚 魚 魚
	총획 11획	

모아 읽고 익히기

지금까지 배운 한자를 정리해 봐요.
( ) 안에 한자의 뜻과 소리를 써넣으세요.
그리고 이 한자가 들어간 단어들을 반복하여 읽으면서
완벽하게 익혀 보세요.

가장 사랑받는 반려동물 ( )	犬	군犬, 애犬, 투犬, 광犬병, 맹도犬, 犬馬지로, 犬원지간
소는 머리에 뿔이 우뚝 솟았지 ( )	牛	牛골, 牛사, 牛유, 한牛, 牛보만리, 牛耳독경
갈기를 휘날리며 달리는 ( )	馬	부馬, 승馬, 馬구간, 주馬등, 하馬평, 馬耳동풍, 죽馬고우
순한 양 같은 ( )	羊	羊모, 羊피, 산羊, 희생羊, 羊두구육
물 위로 팔딱팔딱 뛰어오르는 ( )	魚	魚류, 魚항, 문魚, 人魚, 연木구魚, 자산魚보

누가 더 개성이 있을까?

이번 시간에는 곤충, 동물의 뿔, 털, 고기, 깃털 등을 나타내는 글자들을 살펴볼 거야. 소의 뿔, 양의 털, 새의 깃털 등 어떤 것이 더 개성이 있는지 겨루어 보자.
그리고 벌레 충(虫)이 하나면 '충(또는 훼)', 두 개면 벌레 곤(蚰), 세 개면 벌레 충(蟲)이라고 해. 소리는 다르지만 모두 벌레를 나타내는 글자들이지.

'虫'이 셋이면
벌레 충

꿈틀꿈틀 움직이는 벌레를 나타내는 글자야. 옛날에는 벌레 충(虫)이 벌레를 대표하는 글자였어. '기어 다니거나 날아다니고, 털이 있거나 없고, 딱지나 비늘을 가진' 동물을 두루 가리켜 벌레라고 했지. 지금은 虫은 주로 부수로 쓰이고, 벌레 충(蟲)이 벌레를 뜻하는 글자가 되었어. 虫이 세 개라는 것은 벌레가 아주 많다는 뜻이야. 이렇게 같은 글자를 세 개 겹쳐 써서 많다는 것을 표현했어. 앞으로 이런 의미를 가진 글자들이 꽤 나오니 잘 기억해 두렴.

벌레는 곤충을 비롯하여 기생충과 같은 하등 동물을 통틀어 이르는 말이야. 그중에서도 곤충이 가장 수가 많아. 우리 주위에 흔한 벌레는 때로 사람들을 귀찮게 하거나 괴롭히기도 해. 병을 옮기기도 하고 말이야. 그래서 어떻게든 없애려고 하지. 그러나 벌레도 지구에서 우리 인간과 함께 살아가는 존재라는 사실을 잊지 않았으면 좋겠구나.

虫이 몇 개가 붙어 쓰이더라도 '벌레'라는 뜻은 같아. 한 개면 벌레 충(虫), 두 개면 벌레 곤(䖝), 세 개면 벌레 충(蟲)으로 말이야.

蟲	부수 虫	丶 冖 口 中 虫 虫 虫 虫 虫
	총획 18획	虫 虫 虫 蚰 蚰 蛊 蟲 蟲 蟲

어떤 짐승의 뿔이 가장 단단할까
뿔 각

뿔 각(角)은 짐승의 머리에 난 뿔을 본뜬 글자야. 옛날 글자 모양은 위는 뾰족하고, 가운데는 물결무늬가 있고, 아래는 뽑힌 자리가 움푹 들어가고 속이 빈 뿔 모양이었어.

소나 사슴 같은 짐승의 뿔은 스스로를 지키고, 힘을 과시하기 위한 수단이야. 암컷의 뿔은 작고 수컷의 뿔은 크고 단단해. 그래서 뿔은 힘센 수컷의 상징이자 그 무리의 우두머리를 뜻해. 소싸움에서 수소 두 마리가 뿔을 힘껏 부딪치면서 싸우는 모습을 볼 수 있는데 뿔로 힘겨루기를 하는 거야.

또한 뿔은 일상생활에서도 여러모로 쓸모가 많았어. 공예품이나 예술품은 물론 전쟁에서 사용하기도 했지. 구멍을 뚫어서 나팔을 만들기도 했고, 매끄럽게 다듬어서 술잔으로 쓰기도 했으며, 가늘고 얇게 저며서 물건을 아름답게 장식하기도 했어.

부수로도 쓰이는 글자야. 角을 부수로 하는 글자는 뿔의 모양, 뿔로 만든 물건, 뿔을 다루는 일 등을 나타내지.

角	부수 角	ノ ⺈ ⺈ 甪 角 角 角
	총획 7획	

사람의 머리카락에서 동물의 털까지
털 모

털 모(毛)는 사람의 머리카락이나 몸에 난 털은 물론 동물의 털 등을 두루 일컫는 글자야. 원래는 새의 깃털 모양에서 유래했는데, 지금은 사람은 물론 동물, 식물의 잎이나 뿌리에 난 가느다란 털 등을 가리키게 되었지.

털은 우리 몸에 없어서는 안 될 존재야. 자세히 살펴보면 몸 곳곳에 크고 작은 털이 나 있는 것을 발견할 수 있어. 그럼 털이 얼마나 많은 일을 하는지 살펴볼까?

더위나 추위로부터 몸을 보호해 주고 체온을 일정하게 유지하게 해 주지. 머리를 비롯하여 신체 기관들을 보호하는 역할도 해. 즉, 머리카락은 두개골을 보호하고, 눈썹은 비나 땀으로부터 눈을 보호하며, 코털은 나쁜 먼지가 안으로 들어가지 않게 하지. 그러니 다리나 팔에 난 털이 보기 싫다고 함부로 뽑아서는 안 되겠지?

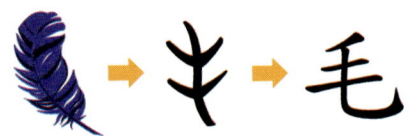

毛	부수 毛	ノ ニ 三 毛
	총획 4획	

한 덩어리 고기의 살과 힘줄
고기

고기 육(肉)은 고기를 잘라 놓은 모습을 본뜬 글자야. 글자를 자세히 보면 한 덩어리의 붉은 고기에 흰 힘줄이 나 있는 것처럼 보일 거야.

아득한 옛날에 사람들은 짐승을 사냥해서 고기를 얻었어. 고기는 좋은 단백질을 얻을 수 있는 귀한 먹을거리였지. 짐승을 잡으면 고기를 먼저 조상이나 신에게 바치고 남은 것을 신분이나 나이에 따라 나누어 먹었어.

지금은 동물의 복지도 중요하게 생각해서 사육 환경이 좋은 곳에서 자란 고기나 달걀 등을 먹으려고 해. 동물을 사랑하는 사람은 아예 고기를 먹지 않기도 하고 말이야.

앞에서 달 월(月)을 설명할 때 이야기했던 것처럼 부수로 쓰일 때 肉은 月과 같은 모양이니 잘 구별해야 해. 肉을 부수로 하는 글자는 짐승의 고기나 사람 몸의 여러 부위를 나타내.

肉	부수 肉(月)	丨 冂 冂 内 肉 肉
	총획 6획	

58

새처럼 하늘을 날 수 있다면

깃 우(羽)는 앞에서 배운 고기 육(肉)과 글자 모양이 비슷하지? 이렇게 모양이 비슷한 글자들을 비교하며 공부하다 보면 쉽게 한자를 익힐 수 있어.

사람은 치타나 표범 같은 날쌘 동물들만큼은 아니어도 마음먹은 대로 걷거나 달릴 수 있어. 또 바닷속을 자유롭게 오가는 물고기만큼은 아니더라도 헤엄을 칠 수 있지. 하지만 새처럼 하늘을 마음껏 날지는 못해. 그래서 오랜 옛날부터 사람들은 하늘 위에는 무엇이 있을까, 하늘을 훨훨 날게 된다면 어떨까 하는 상상을 하게 되었지.

이런 상상을 바탕으로 하늘을 나는 선녀나 신선의 이야기를 생각해 내고, 새를 타고 날아다니는 도사 이야기도 만들어 냈어. 그러다 기술이 점점 발전하여 비행기를 만들고 그 비행기를 타고 하늘을 날게 되었어. 머지않아 우주선을 타고 지구 밖 행성을 자유롭게 여행하게 될 거야.

부수로도 쓰이는 글자야. 羽를 부수로 하는 글자는 새의 깃털, 새 종류, 새의 나는 동작, 깃털로 만든 물건 등을 가리키지.

羽	부수 羽	丁 刁 刃 羽 羽 羽
	총획 6획	

모아 읽고 익히기

지금까지 배운 한자를 정리해 봐요.
( ) 안에 한자의 뜻과 소리를 써넣으세요.
그리고 이 한자가 들어간 단어들을 반복하여 읽으면서
완벽하게 익혀 보세요.

| '虫'이 셋이면 ( ) | 蟲 | 蟲치, 곤蟲, 해蟲, 구蟲제, 기生蟲, 파蟲류 |

| 어떤 짐승의 뿔이 가장 단단할까 ( ) | 角 | 角도, 角축, 두角, 둔角, 삼角형, 氷산일角, 호角지세 |

| 사람의 머리카락에서 동물의 털까지 ( ) | 毛 | 毛발, 毛피, 양毛, 탈毛, 불毛地, 이毛작, 毛세血관 |

| 한 덩어리 고기의 살과 힘줄 ( ) | 肉 | 肉안, 肉체, 근肉, 血肉, 탕水肉, 고肉지책, 羊두구肉 |

| 새처럼 하늘을 날 수 있다면 ( ) | 羽 | 羽음, 羽의, 毛羽, 羽화등선, 항羽장사 |

한자의 뜻과 소리

별 보러 가지 않을래?

이번에 공부할 산(山)과 돌(石), 별(星), 계곡(谷)은 자연물을 대표해. 이중 어느 하나라도 없었다면 지구는 엄청 삭막한 모습이었을 거야.
산이 없었다면 나무도 볼 수 없었을 테고, 별이 없었다면 밤하늘의 은하수도 못 보았겠지. 돌과 계곡이 없는 산도 상상이 가지 않아.
이 고마운 존재들을 만나러 자연 속으로 더 깊이 들어가 보자.

산봉우리 세 개가 이어지다
뫼

뫼 산(山)은 세 개의 산봉우리가 나란히 이어져 있는 모습을 본뜬 글자야. 옛날에는 끝없이 이어지는 산봉우리를 다 그릴 수가 없어서 세 개의 봉우리로 나타냈어. 셋이라는 숫자에는 '많다'라는 의미가 있거든. 글자를 보면 저 멀리 높고 낮은 산들이 정답게 솟아 있는 것만 같지? '뫼(또는 메)'는 '산'의 옛말이야.

우리나라는 산이 많은 나라에 속해. 우리 땅 어디를 둘러보아도 산이 보이지. 심지어 하늘과 땅이 맞닿아 경계를 이루는 선을 지평선이라고 하는데, 그 지평선이 보일 만큼 넓다는 김제 만경평야도 멀리 산이 보인대.

산은 나무와 바위와 흙으로 이루어져 있고, 온갖 생명이 깃들어 사는 곳이야. 우리 인간도 이곳에 자리를 잡고 살고 있어. 그런데 사람들이 많아지고 기술이 발전하면서 산을 파헤치고 동물들을 쫓아내고 있으니 안타깝구나.

山은 '산'이나 '산신', '무덤' 등을 나타내고, 부수로 쓰일 때는 산과 관련한 땅의 모양, 산의 이름, 산의 기세 등을 의미해.

山	부수 山 총획 3획	ㅣ 凵 山

문명을 만들어 낸 최초의 도구

돌 석

앞에서 산은 나무와 바위와 흙으로 이루어졌다고 했지? 이제 그중 하나인 돌을 나타내는 한자를 배워 보자.

처음에는 가파른 바위와 그 바위에 매달린 돌로 돌 석(石)이라는 글자를 나타냈다고 해. 그러다 바위에서 돌이 굴러떨어진 모습으로 글자의 모양이 바뀌었어. 石의 왼쪽은 산기슭 엄(厂)이 변한 것이고, 입 구(口)는 돌을 형상화한 것이라고 볼 수 있어. 또는 돌을 쳐서 소리를 내는 악기인 석경(石磬)을 본떠 만들었다고도 하고, 농경지 밖으로 골라낸 돌의 모양에서 가져왔다고도 해.

글자의 유래야 어떻든 돌은 우리 인류가 최초로 사용한 제법 쓸 만한 도구였어. 그로 인해 뗀석기(돌을 깨서 만든 돌연장)로 대표되는 구석기라는 새로운 시대가 시작되었지. 이후 돌은 비석, 숫돌, 용량 단위 등 다양한 용도로 쓰였어.

石이 부수로 쓰일 때는 돌의 종류, 돌로 만든 물건, 돌에서 뽑아낸 물질이나 광물 등을 나타내지.

하늘의 별들을 글자로 만든다면
별

사람들의 상상력을 자극하는 자연 현상 가운데 별처럼 신기한 게 또 있을까? 아득한 옛날, 밤하늘에 별이 없었다면 사람들은 무엇을 상상하고 무엇을 꿈꾸었을까? 아마 별이 없었다면 별자리와 별에 관한 숱한 이야기도 없었을 거야.

같은 하늘에 있는 별이라도 동양과 서양이 다르게 별자리를 만들었어. 동양은 동양대로 서양은 서양대로 자신들의 상상과 세계관을 바탕으로 별자리를 만들고 이야기를 이어 나갔지. 별을 둘러싼 동서양의 해석이 어떻든 별은 오늘도 캄캄한 밤하늘을 밝히며 우리에게 새로운 길을 안내하지.

'별' 또는 '별자리'를 뜻하는 별 성(星)은 날 일(日)과 날 생(生)이 합쳐진 글자야. 원래는 日 세 개로 하늘에 반짝이는 별을 나타냈어. 같은 글자를 세 번 겹쳐 쓴다는 것은 아주 많다는 뜻이야. 그러다 해를 뜻하는 글자와 구분하기 위해 소리 요소인 生(생→성)을 더해서 星을 만들었어. 그리고 원래 별을 나타내던 글자는 밝을 정(晶)으로 쓰이게 되었지.

星	부수 日	丶 口 日 日 旦 星 星 星
	총획 9획	

골짜기 입구에서 물이 흘러나오네
골 곡

하늘에서 별을 보았다면 이제 발아래 골짜기로 눈을 돌려 보자. 산과 산 사이에 크고 작은 골짜기가 있어. 골짜기에는 바위와 자갈이 여기저기 있고, 그 위로 냇물이 흐르지. 냇물에는 작은 물고기들이 헤엄치고 말이야. 여러분이 산에 간 적이 있다면 이런 골짜기의 모습을 보았을 거야.

골 곡(谷)은 물 수(水)의 일부와 입 구(口)가 합쳐진 글자로, 물이 흘러나오되 아직 물길을 이루지 못한 샘의 입구를 가리켜. '골'은 '골짜기'라는 뜻이야. 이렇게 골짜기에서 시작된 물은 작은 시내를 이루고, 이 시내들이 모여 강이 되어 더 큰 바다로 나아가지.

谷을 부수로 쓰는 글자는 많지 않지만, 모두 골짜기나 골짜기 모양과 관련이 있단다.

| 谷 | 부수 谷
총획 7획 | ノ 八 グ 父 分 谷 谷 |

모아 읽고 익히기

지금까지 배운 한자를 정리해 봐요.
( ) 안에 한자의 뜻과 소리를 써넣으세요.
그리고 이 한자가 들어간 단어들을 반복하여 읽으면서
완벽하게 익혀 보세요.

산봉우리 세 개가 이어지다 ( )	山	山林, 山맥, 山川, 영山, 太山, 人山人해, 타山지石
문명을 만들어 낸 최초의 도구 ( )	石	石공, 石탑, 보石, 운石, 시금石, 일石이조, 전광石火
하늘의 별들을 글자로 만든다면 ( )	星	星단, 星운, 위星, 유星, 기라星, 첨星대, 人공위星
골짜기 입구에서 물이 흘러나오네 ( )	谷	谷성, 계谷, 협谷, 심해谷, 심山유谷, 진퇴유谷

111

대나무는 나무일까, 풀일까?

대나무는 나무일까? 아니면 풀일까? 이름에도 '나무'가 들어가고 크게 자라니 나무 같지만 풀이 맞아. 그것도 볏과 식물이야. 예로부터 대나무는 쓰임새가 많아서 '대 죽(竹)'을 부수로 쓰는 글자도 많아. 그리고 '풀 초(草)'와 '꽃 화(花)'는 각각 풀과 꽃을 대표하는 한자이지.
이른 봄, 식물이 앞다투어 싹을 틔우고 꽃을 피우는 들로 가 볼까?

竹　　　草　　　花

대나무의 줄기와 잎을 본뜬
대 죽

대나무의 긴 줄기와 뾰족한 잎을 본떠 만든 글자야. 두 개의 대나무 줄기에 잎이 매달려 있는 것 같지 않니? 우리는 '대'에 '나무'를 붙여 '대나무'라고 부르지만, 대는 나무가 아니라 여러해살이풀이야. 사실 대가 나무인지 풀인지 좀 헷갈리긴 하지.

대나무는 플라스틱이 나오기 전까지는 생필품을 만드는 데 없어서는 안 될 재료였어. 아주 옛날에는 대나무 쪽을 가늘고 넓게 쪼개고 다듬어서 그 위에 글씨를 썼어. 지금의 공책처럼 말이야. 그래서 문서를 뜻하는 글자에는 대 죽(竹)이 들어가는 경우가 많아.

또 대나무는 속이 비고 모양이 곧아서 깨끗하고 곧은 마음을 상징해. 나라를 사랑하고 자기 신념을 굳게 지킨 사람이나 그 마음을 대나무에 비유했지.

竹이 부수로 쓰이면 대죽머리(⺮)로 모양이 바뀌고 대나무, 대나무로 만든 물건, 대나무 성질을 닮은 것 등을 가리켜. 竹을 부수로 쓰는 글자가 많은 것은 옛날부터 대나무로 물건을 만들어서 사용했기 때문이야.

竹	부수 竹(⺮)	ノ 𠂉 𠂉 𥫗 𥫗 竹
	총획 6획	

지구가 푸른 것은 풀 때문일까

풀 초

풀은 식물의 무리에서 나무와 함께 가장 중요한 구성원이야. 풀은 흙이 있는 곳이면 어디든 뿌리를 내리고 줄기와 잎사귀를 내어서 햇빛과 물과 공기로 살아가지. 우리 인간은 예로부터 풀을 이용하여 집을 짓고, 농사를 짓고, 옷을 해 입고, 먹을 것을 얻었어. 우리 삶에 없어서는 안 될 중요한 존재였지.

풀 초(草)는 풀 초(艹)와 일찍 조(早)가 합쳐진 모습이야. 풀 두 포기를 본떠 만든 글자인 풀 초(艸)가 머리 부분에 놓이면 '艹' 형태가 되고, '초두(草頭)'라고 불러. 사실 이 글자는 부수 역할을 하고 草가 '풀'을 뜻하는 단어에 두루 쓰이지.

草는 '풀'이라는 뜻 외에도 풀만 무성한 곳이면 거친 들이니 '거칠다', 거칠게 처음 글을 써 보니 '초를 잡다', 풀이 눕는 것처럼 흘려 쓰는 필체인 '초서' 등으로 쓰인단다.

草	부수 ++(艸)	一 十 卄 艹 芏 芐 苩 苴 草
	총획 9획	

꽃을 두루 일컫는

꽃 화

꽃은 아름다워. 화려한 꽃은 화려한 대로, 소박하고 수수한 꽃은 소박하고 수수한 대로 저마다 아름다움을 지니고 있어. 여러분은 어떤 꽃을 좋아해?

이렇게 저마다 다른 모양, 다른 색깔을 갖고 있기에 온갖 꽃이 피어나는 꽃밭과 봄의 산은 눈이 부시지. 한 가지 색깔이나 한 종류의 꽃만 핀다면 금방 싫증이 날 거야. 텔레비전도 없고 멀리 쉽게 오갈 수도 없었던 옛날, 사람들은 춥고 긴 겨울이 지나고 따뜻한 봄이 와서 새싹이 돋고 꽃이 피면 얼마나 행복했을까!

그러나 계절이 바뀌고 비가 내리면 꽃은 금세 져 버리지. 사람들은 꽃이 지는 것을 보면서 아무리 아름다운 시절도 언젠가는 가고, 우리도 나이를 먹는다는 삶의 이치를 배웠어. '열흘 붉은 꽃은 없다'는 화무십일홍(花無十日紅)은 우리 인생에도 해당하는 말이야.

꽃 화(花)에서 풀 초(艹)는 '풀'이라는 뜻을, 될 화(化)는 소리를 나타내. 花가 모든 꽃을 두루 일컫지만, 원래 풀의 꽃은 花, 나무의 꽃은 英(영)이라고 했대.

花	부수 艹(艸)	一 十 卄 芒 艾 花 花
	총획 7획	

모아 읽고 익히기

지금까지 배운 한자를 정리해 봐요.
( ) 안에 한자의 뜻과 소리를 써넣으세요.
그리고 이 한자가 들어간 단어들을 반복하여 읽으면서
완벽하게 익혀 보세요.

대나무의 줄기와 잎을 본뜬 ( )	竹	竹간, 竹순, 송竹, 竹부人, 竹제품, 竹林칠현, 竹馬고우
지구가 푸른 것은 풀 때문일까 ( )	草	草록, 난草, 잡草, 花草, 결草보은, 삼고草려
꽃을 두루 일컫는 ( )	花	개花, 국花, 매花, 무궁花, 어사花, 花랑도, 금上첨花

세상에서 가장 높은 사람은?

왕(王)은 나라에서 가장 높은 사람이야. 이 王 위에 점을 찍으면 주인(主)이 돼. 옛날에는 왕이, 지금은 국민이 나라의 주인이라고 할 수 있어. 또한 王 아래에 점을 찍으면 '구슬 옥(玉)', 바로 귀한 보석을 뜻하는 글자가 돼. 王이라는 글자를 다양하게 써 보는 것도 재미있지?

66 가장 힘센 사람의 상징
임금 왕

옛날에는 왕이 나라를 다스렸어. 왕은 그 나라의 주인이자 가장 힘센 사람을 상징했어. 지금도 왕이 존재하는 나라가 있지만 상징적인 경우가 대부분이야. 많은 나라에서는 국민들이 뽑은 대통령이 그 나라를 대표하지.

임금 왕(王)이라는 글자가 만들어진 유래에 대해서는 여러 가지 설이 있어. 먼저 자루가 없는 큰 도끼 모양에서 유래했다는 거야. 옛날에는 도끼가 힘을 상징했는데, 그 도끼를 가진 사람이 바로 왕이었다는 것이지.

다음은 불꽃 모양이야. 인간 사회에 불처럼 절대적 힘을 가진 존재가 있었는데, 바로 왕이었어. 그래서 불꽃으로 왕을 나타냈어. 또는 임금이 고깔 같은 특별한 모자를 쓰고 위엄 있게 앉아서 신하들을 내려다보는 모양이라고도 해. 어떤 것에서 유래했든 王은 가장 높고 힘센 사람을 상징했어.

王의 부수는 구슬 옥(玉)이야. 전체 획수가 부수보다 하나 적다는 것도 기억해 두면 공부에 도움이 될 거야.

王	부수 玉	一 二 干 王
	총획 4획	

'王'에 점을 찍으면
주인 주

앞에서 왕(王)이 한 나라의 주인이자 대표라고 했지? 주인 주(主)는 이 王에 점을 하나 찍으면 돼. 여기서 점(丶)은 '점 주'라고 하고 부수로 쓰여. '가장 높은 사람', '우두머리', '주체' 등을 뜻하지.

원래 主는 촛대 모양으로 생긴 등잔(王) 위에 불꽃이 있는 모습을 본떠 만든 글자라고 해. 아득한 옛날, 사람들이 동굴이나 움막 같은 데서 살 때 등불은 집을 지키는 가장 중요한 물건이었거든.

불로 어둠을 밝히고 음식을 익혀서 먹고 짐승을 쫓아낼 수 있었어. 그래서 불을 집에서 가장 높은 곳에 두고 소중하게 여겼어. 그 귀한 불을 지키는 사람은 집에서 가장 높은 사람, 즉 주인이었고 말이야. 그래서 촛대 위에 불꽃이 있는 모습의 이 글자가 주인을 나타내게 되었대.

主	부수 丶	丶 一 二 主 主
	총획 5획	

구슬을 줄줄이 꿰어서 귀하게

구슬 옥(玉)과 임금 왕(王)은 원래 글자 모양이 아주 비슷했어. 그래서 두 글자를 구분하기 위해 玉에 점을 하나 더 찍어서 구슬이라는 뜻을 나타냈지. 주인 주(主)가 王 위에 점을 찍었다면 이 글자는 아래에 점을 찍었어.

'구슬이 서 말이라도 꿰어야 보배'라는 속담이 있어. 아무리 좋은 것이라도 다듬고 정리하여 쓸모 있게 만들어야 값어치가 있다는 뜻이지. 여기서 구슬은 옥이나 호박을 가리켜. 이 속담대로 玉이라는 글자는 갑골문에서 구슬 세 개를 가공하여 끈으로 줄줄이 꿰어 놓은 것 같은 모습이야.

옛날부터 옥은 쓰임새가 많았어. 높은 사람들의 옷에 다는 장신구는 물론 여인들의 가락지나 팔찌, 노리개, 글씨 쓸 때 사용하는 연적, 종이를 누르는 문진 등 귀하고 값진 물건에 사용했어. 또한 옥은 광택이 있고 부드러워서 사람의 좋은 성품을 상징하기도 했고, 가냘프고 고운 손을 뜻하는 섬섬옥수(纖纖玉手)처럼 아름다운 것을 나타내기도 했지.

| 玉 | 부수 玉
총획 5획 | 一 二 干 王 玉 |

긴 머리를 하고 지팡이를 짚은 사람
길/어른 장

長은 길 장 또는 어른 장으로 쓰이는 글자야. 머리카락을 길게 늘어뜨린 노인이 지팡이를 짚은 모습에서 가져왔어. 노인은 긴 머리는 제대로 정리하지 않아 산발이고, 몸은 지팡이에 의지해야 할 만큼 쇠약해. 우리가 익히 아는 세상을 오래 산 어른의 모습이야. 이렇게 노인이 머리를 길게 늘어뜨린 모습에서 '길다'라는 뜻이 나왔어.

오래 살았다는 것은 그만큼 세상사를 잘 알고 경험이 많다는 의미이기도 해. 지금과 달리 농경 사회에서는 이런 노인의 경험에서 비롯된 지혜를 높이 사서 어른으로 모시고 극진하게 섬겼어. 노인은 단순히 나이가 많고 늙은 사람이 아닌 지혜로운 현자라고 생각했던 것이지.

또한 長은 어떤 조직체나 부서의 우두머리라는 의미로도 쓰여. 교장(校長)은 학교에서 가장 높은 사람이고, 시장(市長)은 시의 책임자이며, 가장(家長)은 한 가정을 이끌어 나가는 사람이지. 그리고 반장(班長)은 한 반을 대표하는 학생이고 말이야.

長	부수 長	丨 厂 厂 F 乍 乍 長 長
	총획 8획	

모아 읽고 익히기
★★★

지금까지 배운 한자를 정리해 봐요.
( ) 안에 한자의 뜻과 소리를 써넣으세요.
그리고 이 한자가 들어간 단어들을 반복하여 읽으면서
완벽하게 익혀 보세요.

가장 힘센 사람의 상징 ( )	王	王권, 王비, 王조, 大王, 제王, 王세자, 조선王조실록
'王'에 점을 찍으면 ( )	主	主권, 主어, 主人, 공主, 主人공, 민主主의, 主객전도
구슬을 줄줄이 꿰어서 귀하게 ( )	玉	玉새, 玉좌, 玉체, 玉편, 금과玉조, 금지玉엽
긴 머리를 하고 지팡이를 짚은 사람 ( )	長	長성, 長수, 교長, 성長, 십長생, 長유유서, 주야長川

지위의 높고 낮음은 중요하지 않아

왕, 주인, 어른 등이 높은 지위에 속했다면, 이번에 공부할 백성, 장인, 선비 등은 비교적 낮은 지위라고 할 수 있어. 하지만 지금은 지위의 높고 낮음이 별 의미가 없어. 옛날과 같은 신분제 사회가 아니니까. 게다가 옛날에는 낮은 지위에 속했던 장인(工)이 지금은 전문가로서 대접을 받고 있지. 백성, 장인, 선비, 친구라는 글자가 어떻게 생겨났는지 공부해 보자.

성씨가 제각각인 온갖 사람들
백성

아주 옛날에는 지금의 김이나 이, 박 같은 성(姓)이 없는 사람이 많았어. 성을 가진 사람은 땅을 소유한 일부 사람들이었지. 그래서 백성이라는 원래 뜻은 백(수많은, 모든) 가지 성을 가진 사람들, 성을 가진 모든 사람을 가리키는 말이었어. 그러다 많은 사람들이 성을 갖게 되면서 보통 사람을 가리키는 말이 되었지.

백성 민(民)은 사람의 한쪽 눈을 뾰족한 물건으로 찌르는 모습을 본뜬 거야. 옛날에는 노예의 왼쪽 눈을 멀게 하여 저항하거나 도망가지 못하게 했는데, 그런 모습을 나타낸 것이지.

그러다 낮은 지위의 사람들을 두루 일컫는 말이 되었어.
나중에는 사람 인(人)과 함께 쓰여서 인민(人民)이라 하여 한 나라, 한 사회의 사람 모두를 가리키게 되었지.

民	부수 民(氏)	ㄱ ㄱ ㄕ ㄕ 民
	총획 5획	

손으로 솜씨 있게 물건을 만드니
장인 공

'장인'은 손으로 물건을 만드는 일을 직업으로 하는 사람을 가리키는 말이야. 또는 어떤 물건을 예술품의 경지로 만드는 사람을 일컫기도 하지. 한자로는 장인 공(工)이라고 해. 옛날에는 백성을 선비와 농부, 장인, 상인이라는 네 계급으로 나누었는데, 장인도 여기에 속했어.

工은 원래 벽돌 따위를 만들기 위해 찰흙을 담틀 같은 데 넣고 다지는 달구의 모습이었어. 위는 丁, 아래는 口 모양이었지. 글자의 모양에 따라 곱자(나무나 쇠를 이용하여 90도 각도로 만든 'ㄱ' 자 모양의 자)로 보기도 하고 자구(집 안이나 사무실에서 쓰는 온갖 기구)로도 보는데, 어느 것이나 물건을 만들 때 쓰는 도구를 뜻했어. 이런 도구는 아무나 사용할 수 있는 게 아니라 전문가만이 할 수 있었어. 그래서 나중에 '장인'이라는 뜻을 갖게 되었어.

工을 부수로 하는 글자는 작업할 때 쓰는 공구 또는 공구를 가지고 작업을 하는 것과 관련이 있어. 그리고 工은 부수임에도 빌 공(空), 칠 공(攻)처럼 소리를 나타내기도 해.

工	부수 工	一 丁 工
	총획 3획	

붓을 든 선비가 아니고 도끼를 든 무사?

선비

장인 공(工)이 손으로 물건을 만드는 일을 하는 사람을 의미한다면, 선비는 학식과 인품을 갖춘 사람으로, 아직 관직에 나가지 않은 사람을 일컫지. 선비 사(士)라는 글자는 도끼나 따비(농기구), 수컷의 생식기 등을 본떠 만들었다고 해. 그런데 갑골문에는 도끼 모양이 그려져 있어. 도끼를 쓰는 무사였던 것이지. 그러나 지금은 무(武)보다는 문(文)을 갖춘 사람을 선비라고 해.

이렇듯 글자 풀이는 다르지만 모두 남자와 관련이 있어. 옛날에는 도끼로 나무를 자르거나 전쟁을 하고, 따비로 밭을 가는 일이 모두 남자의 일이었기에 이런 글자 모양으로 남자를 나타내게 된 거야.

또한 士에는 '일'이나 '직무'라는 뜻도 있어. '사' 자가 붙는 직업이 많아서 헷갈리는데, 다음과 같이 분류해 볼 수 있어.

선비 사(士) : 변호사(辯護士), 무사(武士)
일 사(事) : 판사(判事), 검사(檢事), 집사(執事)
스승 사(師) : 교사(敎師), 의사(醫師), 간호사(看護師)

士	부수 士	一 十 士
	총획 3획	

두 몸에 깃든 한 영혼
벗 우

벗 우(友)는 두 손을 나란히 놓은 모습에서 가져왔다고 해. 손과 손을 맞잡고 서로 돕고 함께하는 사이를 가리키는 말이지. 이런 사람을 벗이라고 해. '벗'은 '친구'를 뜻하는 순우리말이야.

벗은 한 사람이 태어나서 살아가는 동안 영향을 주고받는 사이야. 사람은 혼자서는 살 수 없으니까. 부모와 자식, 형제자매는 선택할 수 없지만 친구는 선택할 수 있어. 그리고 나이가 많고 적음에 상관없이 친하게 지낼 수 있어.

옛날에는 부모에 대한 효도와 형제간의 우애, 나라와 사회를 위한 충성 못지않게 친구 사이의 우정을 중요한 덕목으로 여겼어. 친구를 배신하고 우정을 저버리는 사람은 사람으로 대접받지 못했지. 서양의 한 철학자는 "친구란 두 몸에 깃든 한 영혼"이라고 말했어.

| 友 | 부수 又 | 총획 4획 | 一 ナ 方 友 |

모아 읽고 익히기

지금까지 배운 한자를 정리해 봐요.
( ) 안에 한자의 뜻과 소리를 써넣으세요.
그리고 이 한자가 들어간 단어들을 반복하여 읽으면서
완벽하게 익혀 보세요.

성씨가 제각각인 온갖 사람들 ( )	民	民담, 民족, 국民, 난民, 서民, 大한民국, 훈民정음
손으로 솜씨 있게 물건을 만드니 ( )	工	工부, 工작, 工장, 가工, 석工, 士농工상, 人工지능
붓을 든 선비가 아니고 도끼를 든 무사? ( )	士	기士, 도士, 名士, 박士, 신士, 士大부, 우국지士
두 몸에 깃든 한 영혼 ( )	友	友방, 友애, 友정, 友好, 교友, 붕友유신, 竹馬고友

강에서 바다, 대양까지

이번에 배울 '강 강(江)', '바다 해(海)', '큰 바다 양(洋)'은 모두 물 수(水)를 부수로 하는 글자야. 계곡에서 흘러내린 물은 강이 되고, 강물은 모여 바다로 흘러. 그리고 모든 물은 더 큰 바다인 대양으로 모이지.
양쯔강에서 유래한 강부터 '어머니 같은 물'인 바다, 그리고 우리가 사는 지구에 있는 다섯 개의 큰 바다인 5대양으로 물을 따라 여행을 떠나 보자.

양쯔강에서 유래한
강

강 강(江)은 중국에서 가장 긴 강인 양쯔강을 지칭하던 고유한 이름이었다고 해. 원래 양쯔강은 장강(長江, 중국 말로 창장강)의 지류였는데, 지금은 장강의 대표가 되고 '강물'을 나타내는 보통 명사가 되었어.

江은 시내(川)보다 큰 강물을 뜻해. 시냇물이 모여서 강이 되고, 이 강은 바다로 흘러가지. 인류의 오래된 문명은 모두 강을 끼고 발달했어. 물과 먹을 것을 얻기 쉽고 적으로부터 방어하기가 쉬웠으니까. 이렇듯 강은 우리 인류에게 매우 고마운 존재이지.

江은 물 수(水)와 장인 공(工)이 합쳐진 글자야. 앞에서 工은 찰흙을 다지는 도구인 달구 모양이라고 했지? 예로부터 중국에서는 큰비로 강이 범람해서 큰 피해를 주곤 했어. 그래서 강둑에 흙을 높이 쌓아 범람하는 강을 막아서 피해를 최대한 줄이고자 했어. 글자 하나에도 당시의 자연 환경과 사람들의 노력을 엿볼 수 있어.

참, 江이 양쯔강에서 유래했다면, 물 하(河)는 중국에서 두 번째로 긴 강인 황하(黃河)를 일컫던 말이었다고 해.

江	부수 氵(水)	、 氵 氵 江 江 江
	총획 6획	

어머니 같은 물
바다 해

바위틈에서 시작된 한 줄기 냇물이 계곡을 지나 강으로 모여들어. 이렇게 모인 강물은 흘러 흘러 바다로 나아가지.

바다 해(海)는 물 수(水)와 매양 매(每)가 합쳐진 글자야. '물'과 '머리에 비녀를 꽂은 어머니(每)'라는 의미가 더해져서 '어머니 같은 물'이라는 뜻의 글자가 만들어졌어. 바다는 모든 물줄기를 받아들이고, 또 뭇 생명을 품어 기르는 어머니 같은 존재라는 것이지.

海는 한 나라나 한 지역을 중심으로 펼쳐진 바다를 가리키는 말이야. 우리나라는 동쪽에 동해, 남쪽에 남해, 서쪽에 서해 또는 황해가 있지. 제주도에서 더 내려가면 동중국해, 남중국해 등이 있고 말이야.

바다는 지구 표면적의 70퍼센트를 넘게 차지하니 어디서나 푸른 바다를 볼 수 있어.

海	부수 氵(水)	丶 丶 氵 氵 汒 汒 海 海 海 海
	총획 10획	

바다보다 더 큰 바다
큰 바다 양

바위틈에서 시작된 물은 강에서 바다를 거쳐 더 큰 바다에 이르렀어. 바로 대양이야. 우리가 5대양이라고 할 때 그 '대양' 말이야. 5대양은 지구를 둘러싸고 있는 다섯 개의 큰 바다로 태평양, 대서양, 인도양, 남극해, 북극해를 가리키지.

큰 바다 양(洋)은 물 수(水)와 양 양(羊)이 합쳐진 글자야. 羊이라는 글자의 유래에 대해서는 앞에서 살펴보았지? 양의 머리를 본떠 만든 글자라고 말이야. 洋이라는 글자를 가만 보면 양 떼가 강가에서 물을 먹고 있는 모습 같지 않니?

'海'와 '洋'은 둘 다 바다를 뜻하는 말이라서 헷갈리기 쉬워. 그럴 때는 海가 육지에 붙어 있는 가까운 바다라면, 洋은 육지에서 멀리 떨어진 큰 바다라고 알아 두도록 하자.

洋은 '큰 바다'라는 뜻 외에도 '서양' 또는 '외국'이라는 의미로도 쓰여. 큰 바다를 건너야 외국으로 가거나 외국에서 올 수 있기 때문이 아닐까. 그 밖에 양복(洋服)은 '서양식 의복', 양식(洋式)은 '서양의 스타일이나 격식'을 뜻해.

洋	부수 氵(水)	丶 丶 氵 氵 氵 氵 氵 氵 洋
	총획 9획	

모아 읽고 익히기
★★★

지금까지 배운 한자를 정리해 봐요.
( ) 안에 한자의 뜻과 소리를 써넣으세요.
그리고 이 한자가 들어간 단어들을 반복하여 읽으면서
완벽하게 익혀 보세요.

양쯔강에서 유래한 ( )	江	江구, 江변, 江山, 江촌, 양子江, 금수江山, 長江大海
어머니 같은 물 ( )	海	海변, 海洋, 海외, 동海, 항海, 상전벽海, 人山人海
바다보다 더 큰 바다 ( )	洋	洋궁, 洋식, 大洋, 동洋, 서洋, 太평洋, 전도洋洋

133

비는 변신의 귀재

이번 시간에는 비를 뜻하는 '비 우(雨)'를 비롯하여 雨가 부수로 쓰이는 글자들을 살펴볼 거야. 빗자루 혜(彗)가 결합한 '눈 설(雪)', 구름 운(云)이 합쳐진 '구름 운(雲)', 번개가 내리치는 모습인 펼 신(申)이 쓰인 '번개 전(電)'이 그거야. 비가 눈, 구름, 번개로 어떻게 변신하는지 공부해 보자.

하늘에서 빗방울이 떨어지다
비

하늘에서 빗방울이 떨어지는 모습을 본뜬 글자야. 위의 획은 구름, 아래의 점은 빗방울이 떨어지는 모습처럼 보이지 않니? 창문을 열면 비가 후드득 내릴 것만 같아.

계곡에서 흘러내려 바다에 이른 물은 증발하여 수증기가 되고, 이 수증기는 찬 공기와 만나 비나 눈으로 내리지. 비는 다시 개울이 되어 바다로 흘러가고 말이야. 이렇게 자연은 끊임없이 순환해.

옛사람들은 농사를 짓고 살았어. 농사의 성공 여부는 날씨에 달려 있었지. 그중에서 비는 매우 중요한 역할을 했어. 그래서 비가 오지 않아 땅이 타들어 가면 임금까지 나서서 비를 내려 달라고 하늘에 제사를 지냈어. 이것을 기우제라고 해. 비 우(雨)에 어조사 우(于)가 더해진 기우제 우(雩), 무당 무(巫)가 더해진 신령 령(靈)에서 제사의 흔적을 엿볼 수 있어.

이렇듯 날씨가 농사에 큰 영향을 미치다 보니 雨를 비롯하여 날씨와 관련된 글자가 많이 만들어졌어. 그중에서 雨는 구름, 눈, 우박, 서리 등 기상 현상을 나타내는 글자에 사용되지.

雨	부수 雨 총획 8획	一 ㄱ ㄲ 币 而 雨 雨 雨

135

빗자루를 들어 눈을 쓸다

눈 설(雪)은 비 우(雨)와 빗자루 혜(彗)가 합쳐진 글자야. 雨는 부수로 쓰였어. 雪은 글자 그대로 추운 겨울에 내리는 눈을 뜻하지. 여러분도 잘 알다시피 눈은 대기 중의 수증기가 찬 기운을 만나 얼어서 땅 위로 떨어지는 작은 얼음 결정체를 가리켜.

원래 글자 모양은 하늘에서 깃털처럼 사뿐사뿐 내려앉는 눈으로 나타냈어. 그러다 彗가 더해져서 눈을 빗자루로 쓸어 내는 모습으로 바뀌었지. 고슴도치 머리 계(彐)는 彗를 간단하게 쓴 거야. 눈이 내리면 빗자루를 들어 쓸어야 한다는 말이지.

겨울 아침에 일어나면 간밤에 내린 눈으로 온 세상이 하얗게 변해 있어. 그럼 아이들은 밖으로 나가 눈 위를 신나게 뛰어다니지. 그러다 눈을 뭉쳐 눈사람을 만들거나 눈싸움을 해. 요즘은 눈오리 틀로 똑같은 눈오리를 여러 개 만들 수도 있어.

아이들에게는 눈이 이렇듯 반가운 존재이지만 어른들에게는 그렇지도 않았나 봐. 눈을 빗자루로 쓸어야 하는 존재로 표현했으니까 말이야.

雪	부수 雨	一 厂 厂 币 币 而 雨 雩 雩 雪 雪
	총획 11획	

비가 내리려면 구름이 뭉게뭉게
구름 운

구름 운(雲)은 비 우(雨)와 구름 운(云)이 합쳐진 글자야. 처음에는 피어오르는 구름을 뜻하는 云을 구름의 의미로 쓰다가 나중에 비를 뜻하는 雨를 더하여 지금에 이르렀어. '구름' 외에도 '습기', '덩어리'라는 뜻을 가지고 있어.

고개를 들어 구름을 바라본 적 있니? 구름은 늘 모습이 바뀐단다. 큰비를 머금은 짙은 먹구름조차 자세히 보면 모습이 자꾸만 바뀌지. 아침저녁에 노을을 안고 있는 새털구름이나 가볍게 흘러가는 열구름, 산봉우리 위로 하얗게 뭉게뭉게 솟아오르는 뭉게구름 등 다양한 구름을 보고 있으면 온갖 상상을 하게 돼. 그리고 그 구름 위로 훌쩍 뛰어올라 둥실둥실 떠다니고 싶어지지.

구름에서 떨어지면 어떻게 하느냐고? 걱정 마. 상상 속에서는 어디든 갈 수 있고, 무엇이든 내 마음대로 할 수 있으니까.

雲	부수 雨	一 ㄷ ㅠ 帀 雨 雨 雫 雲 雲 雲 雲
	총획 12획	

밤하늘에 번개가 번쩍번쩍
번개 전

요즘은 보기 힘든 광경 가운데 하나가 캄캄한 밤중에 번개가 치는 모습일 거야. 지금은 많은 사람들이 도시의 아파트에서 살거나 골목골목 불빛이 환해서 번개를 볼 일이 많지 않아. 설령 번개가 친다 해도 안전한 집 안에 있거나 다른 건물에 가려서 제대로 보기가 어려워. 그러나 시골에서는 달라. 캄캄한 밤에 하늘을 가르며 번쩍이는 빛과 이어지는 무시무시한 소리는 정말 무섭지.

번개 전(電)은 비 우(雨)와 펼 신(申)이 합쳐진 모습이야. 申은 번개가 내리치는 모습을 나타내는데, 雨와 결합하면서 글자가 변형되었어. 비구름 사이로 번개가 내리치니 얼마나 무섭겠어!

電은 '번개'나 '전기' 외에 '빠르다', '번쩍이다'는 뜻도 있어. 번개의 의미를 생각해 보면 왜 이런 표현이 나왔는지 알 수 있을 거야.

電	부수 雨	一 厂 厂 币 雨 雨 雨 雨 雨 雪 雪 雷 電
	총획 13획	

모아 읽고 익히기

지금까지 배운 한자를 정리해 봐요.
( ) 안에 한자의 뜻과 소리를 써넣으세요.
그리고 이 한자가 들어간 단어들을 반복하여 읽으면서
완벽하게 익혀 보세요.

하늘에서 빗방울이 떨어지다 ( )	雨	雨박, 雨산, 雨수, 폭雨, 강雨량, 측雨기, 雨후竹순
빗자루를 들어 눈을 쓸다 ( )	雪	雪원, 大雪, 白雪, 氷雪, 만년雪, 雪중매, 雪上가상
비가 내리려면 구름이 뭉게뭉게 ( )	雲	雲무, 雲집, 雲海, 星雲, 풍雲, 海雲대
밤하늘에 번개가 번쩍번쩍 ( )	電	電기, 電멸, 電철, 電하, 충電, 정電기, 電광石火

한자는 어떤 순서로 쓸까?

할아버지에서 손자로, 핏줄이 이어지다

아버지와 어머니에 이어 형제, 할아버지 또는 조상, 자손을 뜻하는 글자를 살펴보자. '아우 제(弟)'는 형 아래 동생이고, '할아비 조(祖)'는 아버지의 아버지인 할아버지를 뜻하며, '손자 손(孫)'은 아들에서 아들로 이어지는 핏줄을 의미해.
이렇게 가족과 관련한 한자를 공부하다 보면 따로 외우지 않아도 복잡한 가계도가 머릿속에 쏙쏙 들어올 거야.

끈으로 말뚝을 감을 때도 차례차례
아우

아우 제(弟)는 말뚝에 밧줄이나 새끼줄을 둘러 묶은 모습을 본떠 만든 글자야. 줄은 위에서 아래로 차례대로 감아야 해. 그래야 꼬이지 않아. 여기에서 '차례'라는 뜻이 나왔어.

한 부모에게서 태어난 형제도 마찬가지야. 형이 있어야 동생인 아우가 존재하지. 아우는 손아랫사람을 말해. 이렇듯 弟는 형 아래 차례로 생긴 동생을 일컫는 글자란다.

弟가 '아우'라는 뜻으로 많이 쓰이면서 '차례'라는 뜻이 점점 희미해지자 차례를 나타내는 글자를 다시 만들었어. 바로 차례 제(第)야. 제1, 제2 할 때의 '제' 말이야.

또 아우는 형의 말을 따르고 형을 존경해야 한다고 하여 이 글자를 공경을 나타내는 의미로 썼는데, 나중에 공경을 나타내는 글자를 따로 만들었어. 마음 심(心)이 부수로 쓰인 공경할 제(悌)야.

이렇듯 弟는 의미가 바뀌거나 부수가 더해지면서 새로운 뜻의 글자가 만들어졌어.

弟	부수 弓	丶 丷 亠 弟 弟 弟 弟
	총획 7획	

내 조상은 누구일까?
할아비/조상 조

할아비/조상 조(祖)는 보일 시(示)와 또 차(且)가 합쳐진 글자야. 且는 소리를 나타내는 글자로 원래 발음은 '저'야. 지금은 '또 차'로 읽지. 且는 옛날에 제사를 지낼 때 고기나 음식을 겹쳐 쌓아 올리던 모양을 본뜬 글자야. 示는 뜻을 나타내는 글자로 '제사'를 의미하지. 이렇게 두 글자가 합해져 '조상'을 뜻하게 되었어. '조상'이나 '할아비'는 나를 있게 한 근원이니 '처음'이나 '근본'을 의미해.

아버지는 나를 낳아 준 분이야. 할아버지는 아버지를 낳으셨어. 그러니 할아버지-아버지-나로 핏줄이 이어지는 셈이지. '조상'은 '자기 세대 이전의 모든 세대'를 일컫는 말로 직계 혈통은 물론 같은 민족을 뭉뚱그려 말하기도 해. 내 조상이 누구인지 한번 찾아보는 것도 아주 재미있을 거야.

조선 시대 임금의 이름 뒤에도 '조'를 붙였어. 임금이 돌아가신 후에 생전의 공덕을 기려 이름을 붙였는데 이것을 '묘호'라고 해. 나라를 세웠거나 공이 많으면 '조'를, 왕위를 정통으로 계승했거나 덕이 출중한 임금에게는 '종'을 붙였대.

祖 | 부수 示(礻) | 총획 9획

자손이 실타래처럼 길게 이어지다

손자 손

옛날에는 대를 잇는 것이 아주 중요했어. 그리고 아들이 대를 잇는 역할을 맡았지. 아들에서 아들로 이어 가며 가문을 번창하게 하는 것! 손자 손(孫)에는 옛사람들의 그런 바람이 담겨 있어.

孫은 아들 자(子)와 이을 계(系)가 합쳐진 글자야. 系는 실을 꼬아 계속 연결시켜 나가는 모습으로, '이어지다'라는 뜻을 갖고 있어. 다시 말해 할아버지에서 아버지로, 또 아들로 자손이 실타래처럼 끊어지지 않고 이어져 나간다는 뜻이 담겨 있는 것이지.

또 孫을 새끼줄로 묶은 아이를 나타내는 글자로 보기도 했어. 옛날에는 부족들끼리 전쟁을 해서 서로 포로를 잡아 와서 부렸어. 이때 주로 다른 부족의 아이를 포로로 잡아 왔기 때문에 이 글자가 자녀를 나타내는 글자로 쓰이면서 손자를 뜻하게 되었다고 해.

孫	부수 子	ㄱ 了 子 孑 孒 孖 孫 孫 孫 孫
	총획 10획	

145

모아 읽고 익히기
★★★

지금까지 배운 한자를 정리해 봐요.
( ) 안에 한자의 뜻과 소리를 써넣으세요.
그리고 이 한자가 들어간 단어들을 반복하여 읽으면서
완벽하게 익혀 보세요.

끈으로 말뚝을 감을 때도 차례차례 ( )	弟	弟子, 사弟, 子弟, 처弟, 父母兄弟
내 조상은 누구일까? ( )	祖	祖국, 祖父, 祖上, 시祖, 원祖, 祖父母, 동祖동근
자손이 실타래처럼 길게 이어지다 ( )	孫	孫女, 孫子, 외孫, 子孫, 후孫, 孫오공, 子子孫孫

아이는 존중받아 마땅한 존재야

'아이'는 원래 낮춰 부르는 말이 아니었어. 그런데 나이가 어리면 세상 물정 모른다고 여겨 낮잡아 대하다 보니 낮춰 부르는 말이 되었지. 아동을 뜻하는 '아이 동(童)', 유아를 가리키는 '아이 아(兒)'를 공부하면서 존중받아 마땅한 존재인 아이에 대해 다시 생각해 보자.

아이가 아니라 노예를 가리키는 글자라고?

아이 동

아동을 뜻하는 글자인 아이 동(童)이 노예의 눈을 찌르는 모습에서 나왔다는 사실을 알고 있니? 좀 으스스하지?

童은 설 립(立)과 마을 리(里)가 합쳐진 모습이야. 그런데 원래는 매울 신(辛)과 눈 목(目), 동녘 동(東)이 합쳐진 글자였다고 해. 東은 소리를 나타냈고, 辛과 目은 칼로 눈을 찌르는 모습을 형상화했어. 옛날에는 다른 부족을 정벌하면 그 부족 아이들의 눈을 찔러 보이지 않게 하여 노예로 삼았거든. 그러다가 나중에 아이를 뜻하는 글자가 되었지.

童은 아이와 관련된 글자에 두루 쓰여. 아이가 부르는 노래를 동요(童謠)라고 하고, 아이에게 읽히기 위해 쓴 이야기를 동화(童話)라고 하지. 또 아이가 쓴 시나 아이를 위해 쓴 시를 동시(童詩)라고 해.

| 童 | 부수 立 | 丶 亠 亠 立 产 產 音 音 音 |
| | 총획 12획 | 音 童 童 |

젖니가 난 귀여운 아이
아이 아

원래는 아이 동(童)보다 더 어린 아이, 즉 갓난아이를 일컫던 말이었어. 아이 아(兒)는 어진사람 인(儿)과 절구 구(臼)가 합쳐진 모습인데, 옛날 글자를 보면 人 위로 두개골이 완전히 닫히지 않은 아이의 머리와 젖니가 그려져 있어. 지금은 젖니가 난 연령의 아이, 다시 말해 유아를 가리키지.

'아이'는 원래 낮춰 부르는 말이 아니었어. 하지만 나이가 어린 아이는 세상 물정 모르고 판단도 잘 못 한다고 여겨서 낮잡아 대하고 무시하다 보니 낮춰 부르는 말이 되었지. 그래서 방정환(1899~1931) 선생님은 아이는 단지 나이가 어린 이일 뿐이며, 존중받아 마땅한 존재라고 하여 '어린이'라고 부르자고 했어. 이후 어린이는 어린 사람을 가리키는 말이 되었어.

兒가 들어간 글자는 어린이와 관련이 있어. 그리고 兒를 뒤에 붙이면 어떠어떠한 사람을 가리키기도 해. 좋은 때를 타고 활동하여 세상에 두각을 나타내는 사람인 풍운아(風雲兒), 지혜와 재주가 뛰어난 사람인 기린아(麒麟兒)처럼 말이야.

兒	부수 儿	ノ 亻 乍 臼 臼 臼 兒 兒
	총획 8획	

'놈'에서 '사람'으로
것/사람 자

이 글자는 처음에 나무에 잎이나 열매가 많이 달린 모습을 나타냈다고 해. 아주 일찍부터 사물을 분류하고 가리키는 말의 뒤에 붙여 쓰였던 것이지.

옛날에는 이 글자를 '놈 자(者)'라고 읽었어. '이놈', '저놈'이라고 할 때의 그 '놈' 말이야. 어때, 좀 기분 나쁘게 들리지? 그런데 원래 놈은 물건이나 제삼자를 가리킬 때 두루 쓰이던 말이었어. 나쁜 뜻이 아니었다는 말이지.

그래서 요즘은 놈이라는 말 대신에 '것', '사람'이라는 뜻으로 써. 그 쓰임새도 '놈'이라는 의미보다는 '전문가', '사람' 등에 주로 쓰이지. 학문을 연구하는 사람인 학자(學者), 돈이나 재물이 많은 사람인 부자(富者)처럼 말이야.

者	부수 耂(老)	一 十 土 耂 耂 耂 者 者 者
	총획 9획	

모아 읽고 익히기
★★★

지금까지 배운 한자를 정리해 봐요.
(　) 안에 한자의 뜻과 소리를 써넣으세요.
그리고 이 한자가 들어간 단어들을 반복하여 읽으면서
완벽하게 익혀 보세요.

아이가 아니라 노예를 가리키는 글자라고? (　　　　)	童	童心, 童요, 童화, 兒童, 악童, 서童요, 삼척童子
젖니가 난 귀여운 아이 (　　　　)	兒	男兒, 女兒, 영兒, 육兒, 기린兒, 소兒과, 男兒일언중천금
'놈'에서 '사람'으로 (　　　　)	者	부者, 저者, 학者, 환者, 배우者, 결者해지, 적者生존

때론 쉼이 필요해

이번 시간에도 나무 목(木)이 들어가는 글자들을 공부할 거야. 사람이 나무 옆에서 쉬면 '쉴 휴(休)', 나무 세 개가 모이면 '나무 빽빽할 삼(森)', 나무에 열매가 열리면 '실과 과(果)', 나무에 사귈 교(交)가 합쳐지면 '학교 교(校)'. 모두 나무(木)가 있어야 존재하는 글자들이지.
이렇듯 쓰임새 많은 木이 들어가는 글자들을 살펴보면서 한자에서 부수가 얼마나 중요한 역할을 하는지 생각해 보자.

사람이 나무 옆에서 쉬니

쉴  休

옛사람들은 밭이나 논에서 일을 하다가 힘들면 가까운 나무 그늘을 찾아 쉬곤 했어. 특히 뙤약볕이 내리쬐는 한여름에는 아름드리 나무가 좋은 그늘이 되어 주었지. 지금도 시골에 가면 커다란 나무 아래에 옹기종기 모여 쉬는 사람들을 볼 수 있어. 쉴 휴(休)는 바로 그 모습을 나타내고 있어.

어른들은 바쁘다는 말을 입에 달고 살지만, 아이들도 바쁘긴 마찬가지야. 학교에 가서 공부도 해야 하고, 방과 후 수업도 들어야 해. 학교가 끝나면 학원에도 가야 하고 말이야. 그러다 잠깐 시간이 나면 친구들과 어울려 놀거나 게임을 해.

아이들에게는 이 시간이 휴식인데, 어른들의 눈에는 그저 노는 걸로 보이나 봐. 잘 쉬어야 공부도 더 열심히 할 수 있는데 말이야.

休	부수	亻(人)	ノ 亻 亻 什 什 休
	총획	6획	

나무 세 그루가 모여
나무 빽빽할 삼

앞에서 나무 목(木)과 수풀 림(林)에 대해서 살펴보았어. 나무의 줄기와 잎, 뿌리를 본뜬 木은 나무를 대표하는 글자이고, 木 두 개가 더해지면 수풀을 뜻하는 글자가 된다고 했어. 그럼 木이 세 개가 모이면 어떤 글자가 될까?

바로 나무 빽빽할 삼(森)이 된단다. 수풀 삼이라고도 하지. 같은 글자를 세 번 겹쳐 쓴다는 것은 아주 많다는 뜻이야. 森도 木을 세 번 겹쳐 써서 나무가 아주 많다는 것을 표현했어. 그래서 글자를 보면 나무가 빽빽이 들어선 숲이 떠오르지 않니? 이렇게 나무가 많이 우거진 숲을 삼림(森林)이라고도 해.

어떤 일을 마주했을 때 부분만 보고 전체를 보지 못하는 것을 '나무를 보고 숲을 보지 못한다'라고 하지. 자기 눈앞의 사소한 일에 매달리느라 전체를 보지 못하는 거야. 또는 너무 가까이에 있어서 전체를 보지 못하기도 해. 그러니 때로는 떨어져서 볼 필요가 있어. 숲을 보려면 숲 밖으로 나와야 하고, 큰 숲일수록 멀리서 봐야 제대로 볼 수 있어.

森	부수 木 총획 12획	一 十 才 木 杧 杧 杧 森 森 森 森 森

나뭇가지에 열매가 주렁주렁
실과 과

나무에 이어서 이번에는 실과, 즉 나무에 열리는 열매에 대해서 살펴보자. '실과'라는 말이 좀 어렵지? 나무의 씨앗으로 먹을 수 있는 부분, 즉 열매를 말한단다. 사과나 배, 감 같은 것들 말이야. 이 열매는 나무의 가지에 열리기 때문에 나무를 나타내는 글자 위에 열매 모양의 그림을 그려서 나타냈어.

나무는 한 해 동안 열심히 일을 해. 봄에는 꽃을 피워서 열매를 맺고, 여름에는 그 열매를 힘껏 키워. 그리고 가을에는 붉거나 노란 탐스러운 과일을 주렁주렁 매달지. 이렇게 한 해를 보낸 나무는 이파리를 떨군 채 다음 해 봄을 기다리면서 추운 겨울을 견딘단다.

그래서 실과 과(果)에는 '열매' 외에 일의 '결과', '결실' 등의 뜻도 있어.

果	부수 木	ㅣ 冂 曰 旦 므 甲 果 果
	총획 8획	

가르쳐서 잘 기르다

학교

이번에도 나무 목(木)이 들어간 글자를 공부할 거야. 바로 木에 사귈 교(交)가 더해진 학교 교(校)이지. 앞에서 아이 동(童)이 노예의 눈을 찌르는 모습에서 나왔다고 했잖아? 놀라지 마. 校도 죄수의 발목을 묶던 형틀에서 유래했어.

원래 이 글자는 다리를 꼬고 앉은 사람을 표현한 交에 나무를 의미하는 木을 더해 나무로 만든 형틀에 사람이 묶여 있는 것을 나타냈어. 죄인을 가두고 벌을 주던 곳이다가 지금은 '배움의 집'인 학교를 뜻하게 되었지. 그 밖에 나무 옆에서 팔을 벌리고 선 모습에서, 나무가 잘 자라도록 엇갈려 놓은 모습에서, 나무 밑에서 스승과 제자가 가르침을 주고받는 데서 이 글자가 나왔다고도 해.

죄를 다스려 바로잡는 곳이든, 스승과 제자가 가르침을 주고받는 곳이든, 나무가 바르게 자라도록 하는 것이든 校에는 가르쳐서 잘 기른다는 의미가 있어.

校는 '학교' 외에도 '장교', '부대', '울타리', '조사하다', '바로잡다' 등의 의미로도 쓰여.

| 校 | 부수 木
총획 10획 | 一 十 十 才 木 札 朽 朽 杧 校 |

모아 읽고 익히기

지금까지 배운 한자를 정리해 봐요.
( ) 안에 한자의 뜻과 소리를 써넣으세요.
그리고 이 한자가 들어간 단어들을 반복하여 읽으면서
완벽하게 익혀 보세요.

사람이 나무 옆에서 쉬니 ( )	休	休가, 休校, 休식, 休日, 休전, 休게소, 연중무休
나무 세 그루가 모여 ( )	森	森林, 森엄, 森林욕, 森林地, 森라만상
나뭇가지에 열매가 주렁주렁 ( )	果	果실, 결果, 사果, 효果, 견果류, 오곡백果, 인果응보
가르쳐서 잘 기르다 ( )	校	校복, 校長, 校정, 校훈, 등校, 학校, 초등학校

금, 은, 동 모두 귀중해

금, 은, 동이라고 하면 무엇이 생각나니? 맞아, 바로 각종 대회에서 받는 메달 또는 그 메달의 색깔이 떠오르지? 金은 '김'이라는 성씨와 가장 비싼 광물로서의 '금'을 뜻하고, '백금(白金)'이라고도 불리는 銀은 금 다음가는 금속이며, 銅은 청동기 문명을 열었어.
이렇듯 금, 은, 동은 몸값과 쓰임새는 다르지만 모두 값진 금속이란다.

영원히 변치 않는 황금의 맹세

쇠 금 / 성 김

'金'은 어떻게 읽어야 할까? '쇠 금' 또는 '성 김'으로 읽어야 해. 금속을 뜻할 때는 '금', 성씨를 뜻할 때는 '김'으로 읽는다고 생각하면 이해하기 쉬울 거야.

쇠 금 또는 성 김(金)은 쇳물을 거푸집에 붓는 모습에서 가져왔어. 거푸집은 만들려는 물건의 모양대로 속이 비어 있는 모형이나 틀을 말해. 아래 가마에서는 불이 활활 타오르고 있고 그 뜨거운 열기에 쇳물이 사방으로 튀고 있는 것을 글자로 표현했어.

쇠는 오랜 옛날부터 쓰임새가 아주 많았어. 열에 녹아 원하는 대로 모양을 만들 수 있고, 나무나 돌보다 단단하여 땅을 파고 나무를 자르기에도 좋았지. 전쟁 무기로도 쇠만 한 게 없었어.

金은 쇠를 두루 가리키지만 특히 금을 지칭해. 금은 광물질 가운데 아주 반짝이고 변하지도 않아서 재산이나 재물을 대표하기도 하지. 또한 영원히 변하지 않는 것을 상징하기도 하고 말이야. 金이 부수로 쓰일 때는 금속이나 금속으로 만든 물건, 금붙이처럼 값지고 귀한 물건, 금속의 성분이나 성질 등을 가리킨단다.

金	부수 金 총획 8획	ノ 人 亼 亽 全 全 金 金

은빛 찬란한 새벽이슬
은

은 은(銀)은 쇠 금(金)과 그칠 간(艮)이 합쳐진 글자야. 여기서 艮은 허리를 굽힌 채 시선을 내리깔고 있는 사람을 본뜬 거야. 바로 하인의 모습이지. 은도 비싼 금속이긴 하지만 금보다는 값어치가 낮다는 사실을 나타내는 것 같아.

은은 금 다음으로 귀한 금속으로 여겨졌어. 금처럼 잘 녹슬지 않고 잘 늘어나며, 무엇보다 햇빛을 받아 반짝이면 아름다워서 귀한 장신구나 장식품으로 널리 쓰였지. 옛날 중국에서는 은을 백색 금속이란 뜻으로 백금(白金)이라고 불렀고, 나중에는 화폐로도 사용했어.

또한 은은 특별한 일도 했어. 텔레비전 사극을 보면 임금이 음식을 먹기 전에 신하가 음식에 은수저를 넣어 보잖아. 바로 독이 들어 있는지 확인하는 거야. 은이 비소 같은 독에 닿으면 검게 변하거든.

| 銀 | 부수 金 | 총획 14획 |

금, 은 다음은?
구리 동

금과 은이 나왔으니 이제 동 차례지? 순위도 금, 은, 동으로 매겨지잖아. 구리(동)는 금과 은 못지않게 중요한 금속이야. 구리 동(銅)이라는 글자 또한 금속임을 나타내는 쇠 금(金)을 부수로 쓰고 소리를 나타내는 한 가지 동(同)을 더했어.

인류 역사에서 구리는 아주 중요한 역할을 했어. 인류가 가장 먼저 발견하여 사용한 금속인 구리로 새로운 문명인 청동기 시대를 열게 되었거든. 청동에서 '동'은 구리를 뜻해. 이후 중세에는 전쟁 무기를 만드는 데 쓰였고, 산업혁명 시기에는 각종 기계의 부품으로 산업을 발전시키는 데 큰 역할을 했어. 그리고 지금은 철과 알루미늄에 이어 많이 쓰이는데, 전선, 난방 배관, 조리 기구, 동전 등에 사용돼. 동메달에도 구리가 들어가지.

또한 구리는 우리 몸에서도 중요한 역할을 하는 필수 미네랄이야. 만약 구리가 부족하면 헤모글로빈의 생성이 줄어들어 빈혈이 나타나게 될 거야. 뼈의 손상이나 성장 장애 등이 나타나기도 하는데, 일반 사람에게 구리 결핍이 일어나는 경우는 드물대.

| 銅 | 부수 金
총획 14획 | ノ 𠂉 𠂈 𠂉 牟 𠂉 𠂉 金 釗
釦 釦 銅 銅 銅 |

모아 읽고 익히기

지금까지 배운 한자를 정리해 봐요.
( ) 안에 한자의 뜻과 소리를 써넣으세요.
그리고 이 한자가 들어간 단어들을 반복하여 읽으면서
완벽하게 익혀 보세요.

영원히 변치 않는 황금의 맹세 ( )	金	金속, 金융, 金海, 세金, 황金, 시金石, 金과玉조
은빛 찬란한 새벽이슬 ( )	銀	銀발, 銀색, 銀하, 銀행, 銀장도, 金銀보화
금, 은 다음은? ( )	銅	銅상, 銅전, 銅판, 청銅, 銅작구, 청銅기

머리와 몸, 그리고 기운

이번에는 '머리'와 '신체'와 관련된 한자들을 살펴볼 거야. '머리'를 나타내는 글자라도 뜻이 조금씩 달라. '머리 혈(頁)'이 머리를 비롯하여 얼굴 전체를 가리킨다면, '머리 두(頭)'는 頁을 부수로 하며 머리를 나타내는 글자의 대표야. 그 밖에도 머리를 나타내는 글자는 많아.
한자 공부가 쉽지 않은 이유는 이렇듯 변형 글자가 많기 때문이야. 그래도 여기까지 왔으니 조금만 더 힘을 내 보자.

머리와 얼굴을 두루 나타내는
머리 혈

머리 혈(頁)은 사람의 '머리'를 뜻하는 글자야. 처음에는 머리 수(首) 아래에 어진사람 인(儿)이 놓인 모양이었는데, 나중에 首의 머리카락에 해당하는 윗부분이 없어지면서 지금의 글자가 되었어. 머리를 비롯하여 얼굴 전체를 가리키지. 또는 꿇어앉은 사람의 옆모습을 그리면서 머리를 두드러지게 나타낸 것이라고도 해.

頁은 혼자보다는 부수로 주로 쓰이는데, 다른 글자와 결합할 때는 '머리'나 '얼굴'을 뜻해.

이 글자는 우리말에서 많이 쓰이지는 않아. 그래도 부수로서 여러 한자에 쓰이니 알아 두면 한자 공부를 하는 데 도움이 될 거야.

頁	부수 頁	一　丆　丆　丆　百　百　頁　頁
	총획 9획	

사람의 머리를 강조한
머리

앞에서 살펴본 머리 혈(頁)을 부수로 쓰는 글자야. 머리 두(頭)는 뜻을 나타내는 頁과 소리를 나타내는 콩 두(豆)로 이루어졌어.

豆는 지금은 곡물 콩의 의미로 쓰이지만 원래는 곡식이나 음식을 담는 굽이 높고 위가 둥근 제사용 그릇인 제기를 의미했어. 그래서 다른 글자와 쓰일 때는 제기나 제사의 뜻을 나타내기도 해. 중국 전국 시대 때는 頭가 사람의 머리를 제기에 올려놓은 모습으로 표현을 했는데, 이것은 사람의 머리를 강조한 것이라고 해.

그런데 머리를 나타내는 글자가 이미 있는데 왜 또 다른 글자를 만들었을까? 처음에는 글자 하나로 두루 쓰다가 의미가 조금씩 달라지면서 새로운 글자를 만들어야 했어. 그래서 머리를 나타내는 글자도 頭를 비롯하여 頁, 그리고 앞에서 배운 머리 수(首) 등이 생겨났지.

같은 머리를 나타내는 글자라도 의미가 조금씩 달라. 頭가 주로 몸의 부위로서의 머리를 의미한다면, 首는 몸의 부위만이 아니라 우두머리나 사물의 처음 등을 뜻하지.

頭	부수 頁	一 ㄱ ㅎ ㅎ ㅌ ㅌ ㅍ ㅍ ㅍ ㅍ
	총획 16획	頭 頭 頭 頭 頭 頭

단단한 뼈와 풍성한 살

몸

앞에서 머리와 관련된 글자를 배웠으니 이번에는 '몸', 즉 '신체'를 뜻하는 글자를 익혀 보자. 사람은 머리로 생각을 하고 몸으로 움직여. 이렇듯 머리와 몸은 떼려야 뗄 수 없는 관계이지.

사람의 몸은 크게 머리와 가슴, 두 팔과 두 다리로 이루어져 있어. 몸 체(體)는 이런 사람의 몸을 나타내는 글자야. 體는 뜻을 나타내는 뼈 골(骨)과 소리를 나타내는 풍성할 풍(豊)이 합쳐졌어. 骨은 말 그대로 뼈를, 豊은 그릇에 곡식이 가득 쌓인 것을 형상화한 것으로 '풍성하다'라는 뜻을 갖고 있어. 따라서 體는 뼈를 포함한 모든 것이 갖추어진 신체를 의미하지.

사람의 몸뿐만 아니라 사물에도 體를 써. 공기와 같은 기체(氣體), 물과 같은 액체(液體)처럼 말이야. 몸이 사람(人)의 근본(本)이라는 뜻에서 体(몸 체, 體의 약자)로도 쓰지.

몸을 뜻하는 또 다른 글자로 몸 신(身)이 있어. 身이 사람의 몸만을 이르는 말이라면, 體는 사람이 아닌 물건에도 쓰인다는 점이 달라.

體	부수 骨	ㅣ ㄇ ㅁ ㅁ ㅁ, ㅁㅁ ㅁㅁ 므 骨 骨 骨 骨 骨
	총획 23획	骨 體 體 體 體 體 體 體 體 體

밥 지을 때 김이 모락모락
기운 기

우리는 평소에 알게 모르게 기운 기(氣)가 들어간 글자를 많이 쓴단다. '기분이 좋다', '기운이 펄펄 난다', '기상 변화가 심하다' 등으로 말이야. 왜 이렇게 이 글자를 자주 다양하게 쓸까? 그것은 氣가 '기운', '기백', '힘', '자연 현상' 등 우리 인간을 비롯한 우주 만물의 생명력을 뜻하는 글자이기 때문이지.

氣는 기운 기(气)와 쌀 미(米)가 합쳐진 모습이야. 그런데 원래는 气가 단독으로 쓰여서 구름이 공기의 흐름에 따라 흩어지거나 모이는 모습을 나타냈다고 해. 그러다 米가 더해지면서 밥을 지을 때 김이 모락모락 피어오르는 모습을 표현한 것이지.

가마솥에서 밥 짓는 모습을 상상해 보자. 아궁이에 불을 지피면 얼마 지나지 않아 밥이 끓어. 그때 솥뚜껑을 열면 뿌연 김이 눈앞을 가리고 구수한 냄새가 코끝을 자극하지.

먹을거리가 넉넉하지 않았던 옛날, 자연에서 일어나는 여러 기운 가운데 밥 지을 때의 김과 냄새만큼 반갑고 좋은 것이 있었을까?

氣	부수 气	ノ 丿 匕 气 气 気 気 氣 氣 氣
	총획 10획	

모아 읽고 익히기

지금까지 배운 한자를 정리해 봐요.
( ) 안에 한자의 뜻과 소리를 써넣으세요.
그리고 이 한자가 들어간 단어들을 반복하여 읽으면서
완벽하게 익혀 보세요.

머리와 얼굴을 두루 나타내는 ( )	頁	주로 부수로 쓰이고 단독으로 거의 쓰이지 않음.
사람의 머리를 강조한 ( )	頭	頭뇌, 頭상, 선頭, 화頭, 교頭보, 羊頭구肉, 용頭사미
단단한 뼈와 풍성한 살 ( )	體	體력, 體육, 물體, 身體, 공동體, 일心동體, 자웅동體
밥 지을 때 김이 모락모락 ( )	氣	氣분, 氣운, 氣후, 공氣, 호氣, 분위氣, 호연지氣

168

나무 목(木), 바쁘다 바빠

이번에도 나무 목(木)을 부수로 하는 글자들을 익혀 보자.
큰 나무 아래 움막에 머물며 농사를 지으니 '마을 촌(村)', 나무를 든든하게 지탱하는 근본이니 '뿌리 근(根)', 나무를 일으켜 세우니 '나무 수(樹)'인 글자들이야.
木을 부수로 하지만 글자 모양도, 뜻도 제각기 달라. 부수를 알면 한자 공부를 더 쉽고 재미있게 할 수 있어.

전 세계가 이제는 한 마을의 지구촌으로

마을 촌(村)은 나무 목(木)에 마디 촌(寸)이 합쳐진 글자야. '마을'이나 '시골'은 물론 '농막', '촌스럽다', '꾸밈이 없다'라는 뜻으로도 쓰이지.

옛날 농업 사회에서는 농사가 아주 중요했어. 그래서 집에서 논이나 밭이 멀리 떨어져 있으면 논이나 밭 근처에 임시로 집을 지었어. 이 집을 농막이라고 해. 큰비나 뙤약볕을 피할 수 있게 큰 나무 아래에 농막을 짓고 머물며 곡식을 거둬들일 때까지 정성을 다했어. 村은 이런 농막을 나타낸 거야. 또는 나무숲에 둘러싸인 작은 마을을 뜻한다고도 하고, 마을과 마을 사이에 나무를 심어 경계를 표시했던 데서 나왔다고도 하지.

원래 마을 촌(邨)이 마을을 나타내는 글자였어. 그런데 村이 더 많이 쓰이면서 아예 마을을 뜻하는 글자가 되었지. 농촌(農村), 산촌(山村), 어촌(漁村), 촌락(村落)처럼 시골의 마을을 村으로 나타냈어. 그럼 지구촌(地球村)은 어떨까? 지구촌은 지구 전체를 한 마을처럼 여겨 이르는 말인데, 과연 지구를 하나의 마을이라고 할 수 있을까?

| 村 | 부수 木
총획 7획 | 一 十 十 木 木 村 村 |

나무를 지켜 주는 힘
뿌리 근

뿌리 근(根)은 나무 목(木)과 어긋날 간(艮)이 합쳐진 글자야. 허리를 굽히고 시선을 내리깔고 있는 사람을 형상화한 글자인 艮에 나무를 뜻하는 木이 더해졌어. 즉, 눈을 아래로 향하면 보이는 것은 나무의 뿌리라는 의미인 것이지.

나무에서 뿌리는 아무리 비바람이 불어도 버틸 수 있게 지탱해 주는 힘이자 물을 흡수하여 식물을 자라게 하는 근본이 되는 부분이야. 가지가 하늘을 향해 자란다면 뿌리는 땅속으로 뻗어 나가. 이 둘이 조화를 이루어야만 나무는 쑥쑥 자랄 수 있어. 이렇게 땅속으로 뻗어 가는 뿌리의 모습에서 '시작'이나 '출발점', '근거', '근본' 등의 뜻이 나왔어.

根과 뜻이 비슷한 글자에는 근본 본(本)이 있어. 두 글자가 어울려서 근본(根本)으로 쓰이는데, '초목의 뿌리' 또는 '사물의 본질이나 본바탕'을 의미해. 근고지영(根固枝榮)은 뿌리가 튼튼해야 가지가 무성하다는 뜻의 사자성어인데, 어떤 것이든 기초가 튼튼해야 한다는 뜻이야.

根	부수 木 총획 10획	一 十 才 木 朩 朾 柯 根 根 根

'나무'에서 '나라를 세우다'까지

나무 수(樹)는 나무 목(木)과 세울 주(尌)가 합쳐진 글자야. 木은 나무, 尌는 손으로 심는 모습을 형상화한 것이지. 원래 갑골문에서는 尌 홀로 쓰이다가 나중에 木이 더해졌다고 해.

앞에서도 살펴보았듯이 '나무'를 뜻하는 한자는 많아. 그중에서 木은 나무를 대표하는 씨앗 글자야. 그에 비해 樹는 일반적인 의미의 '나무'를 비롯하여 '초목', '(나무를) 심다' 등의 뜻도 있어.

또한 樹는 '세우다'라는 뜻으로도 쓰여. 우리나라는 1910년 일제에 합병된 뒤 1919년 3·1 운동의 기운을 이어서 같은 해 4월 11일, 중국 상하이에서 대한민국 임시정부를 수립(樹立)했어. 이때의 '수'가 바로 '세우다'라는 의미로 쓰였어.

'나무 수(樹)'!

樹는 자라고 있는 나무에만 쓰고 '나무 목(木)'은 죽은 나무에도 쓴단다.

樹	부수 木	一 十 オ 木 木 村 村
	총획 16획	村 桔 桔 桔 桔 植 樹 樹

모아 읽고 익히기

지금까지 배운 한자를 정리해 봐요.
( ) 안에 한자의 뜻과 소리를 써넣으세요.
그리고 이 한자가 들어간 단어들을 반복하여 읽으면서
완벽하게 익혀 보세요.

전 세계가 이제는 한 마을의 지구촌으로 ( )	**村**	村락, 村로, 村長, 농村, 山村, 어村, 地구村
나무를 지켜 주는 힘 ( )	**根**	根거, 根本, 根성, 根원, 채根, 사실무根, 草根木피
'나무'에서 '나라를 세우다'까지 ( )	**樹**	樹립, 樹木, 식樹, 보리樹, 樹木원, 침엽樹, 풍樹지탄

173

찾아보기 (가나다 순)

뿔 각 角 99	강 강 江 130	개 견 犬 91	볼 견 見 87	골 곡 谷 110
장인 공 工 125	실과 과 果 155	학교 교 校 156	입 구 口 79	뿌리 근 根 171
쇠 금/성 김 金 159	기운 기 氣 167	나/여섯째 천간 기 己 37	사내 남 男 61	계집 녀 女 62
큰 대 大 16	아이 동 童 148	구리 동 銅 161	머리 두 頭 165	수풀 림 林 52
말 마 馬 93	명령할/목숨 명 命 83	밝을 명 明 33	이름 명 名 82	어미 모 母 39
털 모 毛 100	나무 목 木 49	눈 목 目 86	쌀 미 米 51	백성 민 民 124
흰 백 白 30	뿌리/근본 본 本 50	아비 부 父 38	얼음 빙 氷 44	선비 사 士 126
뫼 산 山 107	나무 빽빽할 삼 森 154	위 상 上 24	날/살 생 生 40	돌 석 石 108
눈 설 雪 136	별 성 星 109	손자 손 孫 145	나무 수 樹 172	머리 수 首 88
물 수 水 43	손 수 手 73	몸 신 身 67	마음 심 心 68	나 아 我 36

아이 아 兒 149	양 양 羊 94	큰 바다 양 洋 132	물고기 어 魚 95	구슬 옥 玉 120
임금 왕 王 118	깃 우 羽 102	벗 우 友 127	비 우 雨 135	소 우 牛 92
구름 운 雲 137	달 월 月 32	고기 육 肉 101	은 은 銀 160	귀 이 耳 72
사람 인 人 15	날/해 일 日 29	것/사람 자 者 150	아들 자 子 63	길/어른 장 長 121
번개 전 電 138	아우 제 弟 143	새벽/일찍 조 早 31	할아비/조상 조 祖 144	발 족 足 80
주인 주 主 119	대 죽 竹 113	땅 지 地 26	내 천 川 46	샘 천 泉 45
하늘 천 天 18	몸 체 體 166	풀 초 草 114	마을 촌 村 170	가을 추 秋 57
벌레 충 蟲 98	클 태 太 17	흙 토 土 23	반드시 필 必 69	아래 하 下 25
바다 해 海 131	향기 향 香 58	머리 혈 頁 164	피 혈 血 74	맏 형 兄 81
좋을 호 好 64	꽃 화 花 115	벼 화 禾 56	불 화 火 55	쉴 휴 休 153

술술 읽고 척척 쓰는
초등 마법의 한자책 ❶

1판 1쇄 펴낸날 2024년 6월 26일

글 김태완
그림 권달
책임 편집 한미경
디자인 구민재page9, 이원우
마케팅 강유은
제작·관리 정수진
인쇄·제본 (주)성신미디어
펴낸이 정종호
펴낸곳 (주)청어람미디어

등록 1998년 12월 8일 제22-1469호
주소 04045 서울특별시 마포구 양화로 56, 1122호
전화 02-3143-4006~8
팩스 02-3143-4003
이메일 chungaram_media@naver.com
홈페이지 www.chungarammedia.com
인스타그램 www.instagram.com/chungaram_media

ISBN 979-11-5871- 254-9 74700
       979-11-5871-253-2 세트

잘못된 책은 구입하신 서점에서 바꾸어 드립니다.
값은 뒤표지에 있습니다.